John White

NEHEMIA
HINGABE UND STRATEGIE

Wegweisung für geistliche Führung

Verlag der
Francke-Buchhandlung GmbH
Marburg/Lahn

CIP-Titelaufnahme der Deutschen Bibliothek

White, John:
Nehemia, Hingabe und Strategie : Weisung für geistliche Führung / John White. [Dt. von Matthias Steup]. – Marburg/Lahn : Francke, 1989
(Edition C : M ; 130)
Einheitssacht.: Excellence in leadership ‹dt.›
ISBN 3-88224-648-0
NE: Edition C / M

Originaltitel: EXCELLENCE IN LEADERSHIP

Published by InterVarsity Press, Downers Grove, USA

Deutsch von Matthias Steup
Umschlaggestaltung: Herybert Kassühlke
Satz: Typo-Schröder, Dernbach-Dierdorf
Druck: St.-Johannis-Druckerei, Lahr

Edition C, Nr. M 130

Inhaltsverzeichnis:

1. Eine Begegnung mit Nehemia 7

2. Verantwortung für Gott und Gebet 11

3. Der Verantwortliche als Organisator 27

4. Der Verantwortliche und die Arbeit 43

5. Der Verantwortliche und seine Gegner 51

6. Der Verantwortliche und Widerstand von innen 61

7. Der Verantwortliche und Angriffe auf seine Person 72

8. Der Verantwortliche und Erneuerung 85

9. Beharrlichkeit in der Verantwortung für Gott 94

1. Eine Begegnung mit Nehemia

An meine erste Begegnung mit ihm kann ich mich nur noch schwach erinnern. Während der ersten Jahre meines Studiums wurde er von Gott zu mir gesandt, um mir bei meinen Aufgaben zu helfen. Ich habe von diesem Mann sehr viel gelernt, wofür ich ihm sehr dankbar bin. Obwohl wir mehr als zweitausend Jahre voneinander getrennt sind und ich ihm nur in den gedruckten Buchstaben meiner Bibel begegnen kann, ist er mir so nahe wie ein Bruder oder eine Schwester aus unserer Zeit.

Ein Freund in der Not

Nehemia hinterließ ein Tagebuch, das Aufschluß über sein ganzes Wesen gibt. Es ist das Buch der Bibel, welches seinen Namen trägt. Beim Lesen fühlt man sich unvermittelt in seine Lage versetzt und teilt seine Sorgen, Nöte und Ängste und freut sich über seine Siege. Durch ihn erlernte ich die Grundlagen göttlicher Führerschaft. Seine Lektionen habe ich nicht vergessen. Sie sind immer wieder neu Grundlage meiner Arbeit. In meiner Studentenzeit war er mir Vorbild und Maßstab. Mein Ehrgeiz, Verantwortung zu tragen, war groß, aber Ehrgeiz ist für derartiges mehr als nutzlos. Ich war gänzlich ohne Erfahrung und verlor bald den Boden unter den Füßen. Je mehr man mir Verantwortung auferlegte, desto größer wurden meine Schwierigkeiten. Meine angeborenen Fähigkeiten reichten nicht aus. Man hatte mir das Amt des Vorsitzenden einer christlichen Studentenvereinigung in England übertragen. Es war nicht nur Ehrgeiz, der mich dazu bewegte, diese Aufgabe anzunehmen. Gott hatte mir ein tiefes Verlangen in das Herz gegeben, seinen Namen unter den Studenten bekannt zu machen. Studentengruppen zu leiten bedeutete für mich, den Studenten dieser Gruppen zu dienen. Ich wollte wie Jesus „Füße waschen".

Ich erinnere mich, wie ich nachts unruhig durch die Straßen meiner Heimatstadt Manchester lief. Während der Regen meinen Rücken hinunterlief, schrie ich zu Gott. In dieser Zeit war mir Nehemia Tröster und Lehrer. Ich setzte seine Lektionen in die Praxis um und sammelte so meine ersten Erfahrungen. Ich begann andere anzuleiten und zu unterweisen. Als ich nach Lateinamerika ging, setzte ich diese Arbeit fort. Bei einer ersten Konferenz für Verantwortliche in der Gemeindearbeit erläuterte ich das Buch Nehemia. Bei dieser Konferenz wurde die erste Vereinigung evangelikaler Studenten in Lateinamerika gegründet. Ein Team, das international besetzt war, sollte diese Vereinigung leiten. Mitglieder dieses Teams waren Samuel Escobar, René Padilla, Bob Young und Ruth Siemens. Die Aufgabe des Koordinators fiel mir zu. Nehemia wurde so etwas wie ein Schutzheiliger dieser Bewegung oder wenigstens ein Vorbild für junge Studenten, die bei der schwierigen Aufgabe der Evangelisation des Landes Verantwortung trugen. Samuel Escobar stellte meine Vorträge und Artikel zu einem Buch zusammen, das von „Editiones Certeza" in Spanisch veröffentlicht worden ist.

Im Laufe der Jahre, als Verantwortlichkeiten wechselten, blieb Nehemia mein Vorbild, von dem ich lernen konnte. Er war ein Mann der Tat und nicht der Worte. Ich machte ihn meiner Gemeinde wie auch den christlichen Studentenführern Lateinamerikas bekannt. Erst kürzlich hielt ich Vorträge über ihn in Australien. Immer wieder wurde ich durch seine unwiderstehliche Persönlichkeit und seinen einzigartigen Charakter inspiriert.

Mundschenk des Königs

Im Laufe der Geschichte mußten viele Juden erfahren, was es bedeutet, zu einer Minderheit zu gehören. Sie wußten aber auch, was es heißt, Erfolg zu haben. Beides traf auch auf Nehemia zu.

Er war zu einer bedeutenden Stellung aufgestiegen, als er Mundschenk des persischen Königs Artaxerxes I. geworden war. Dieser war einer der einflußreichsten Herrscher seiner Zeit. Der Mundschenk mußte den Wein probieren, bevor er ihn dem König persönlich überreichte. Damit war garantiert, daß der Wein nicht vergiftet war. Heute würde man sagen, er war Top-Sicherheitsagent.

Nehemias Aufgabe war nicht leicht, weil die Sicherheit eines mächtigen Herrschers und damit die Stabilität eines ganzen Reiches von ihm abhingen. Es ist kaum anzunehmen, daß er diese Stellung durch Fürsprache einflußreicher Freunde erhalten hat. Gründe dafür waren wohl eher seine Charakterfestigkeit, sein Scharfsinn, sein gesunder Menschenverstand, seine Initiative und die Fähigkeit, Intrigen zu meistern. Sein Leben hing von der richtigen Durchführung seiner Aufgabe ab; deshalb wird er auch in Kleinigkeiten peinlich genau gewesen sein. Diese Eigenschaften lassen sich anhand des Buches Nehemia nachprüfen.

Bevor Nehemia dem König Wein einschenkte, hatte er sich genau über Qualität und Herkunft informiert. Er überwachte seinen Ankauf, seine Lagerung und seine Verwendung am Tisch des Königs. Die Mitglieder der königlichen Küche mußten seinen Anweisungen bedingungslos nachkommen. Er war somit eine einflußreiche Persönlichkeit im Hofstaat. Im Buch Tobias wird ein Mundschenk erwähnt, der es sogar bis zum Ministerpräsidenten gebracht hatte. Nehemias Tätigkeit am Hofe des Königs war eine Vorbereitung auf die Aufgaben, die noch auf ihn zukommen sollten. Er war von Gott dazu bestimmt, die von Plünderern heimgesuchte Stadt Jerusalem neu zu beleben und ihre Mauern wieder aufzubauen.

Die folgenden Kapitel sind Essays über die Person Nehemias; sie sollen keine Auslegungen des Buches Nehemia sein, auch wenn dies nicht immer ausgeschlossen werden kann. Jedes Kapitel hat einen bestimmten Abschnitt dieses Buches zur Grundlage. Inhalt dieser Abschnitte sind meistens persönliche Erinnerungen Nehemias. In einzelnen Kapiteln wird es Wiederholungen geben, weil bestimmte Gesichtspunkte von Nehemias Persönlichkeit immer wieder auftauchen.

Nur ein Teil des Buches Nehemia stammt von ihm selbst. Es bildet eine Einheit mit dem Buch Esra. In den ersten sieben Kapiteln berichtet Nehemia in der Ich-Form. In den folgenden Kapiteln wird die 3. Person Singular gebraucht. Sie stammen vermutlich von Esra, der sich beim Verfassen dieser Kapitel vermutlich auf die Berichte

Nehemias gestützt hat, die vermutlich verlorengegangen sind. Der letzte Teil (Kap. 13,4-31) stammt wieder von Nehemia selbst; er hat ihn vermutlich während seiner zweiten Regierungsperiode geschrieben.

Das Buch Nehemia handelt vom Wiederaufbau einer Nation. Die Babylonier hatten fast 500 Jahre vorher das Südreich geplündert und dessen Einwohner in Gefangenschaft geführt. Als Babylon in die Hände des persischen Königs Cyrus fiel, erlaubte er einigen wenigen Juden, nach Jerusalem zurückzukehren. Das geschah im Jahre 538 vor Christus. (Darüber wird in den ersten sechs Kapiteln des Buches Esra berichtet.) Diese Juden versuchten, Jerusalem wieder verteidigungsfähig zu machen. 445 vor Christus kam Nehemia nach Jerusalem und vollendete ihr Werk, indem er die Stadtmauer neu erbaute.

Im Buch Nehemia wird gezeigt, wie Gott seinen Plan mit seinen Kindern erfüllt. Dieser Aspekt soll jedoch nicht Inhalt der folgenden Kapitel sein. Vielmehr wird die Person Nehemias dargestellt. Dabei wird besonderes Gewicht auf seine Qualitäten als Führer gelegt. Die folgenden Gedanken sollen Hilfen für junge und auch ältere Jünger Jesu sein, die Verantwortung in der Arbeit im Reich Gottes tragen. Ich hoffe, daß der Leser von den Vorgängen um Nehemia genauso gefesselt sein wird wie ich. Im folgenden sind fünf Fragen aufgeführt, über die Sie allein oder in einer Gruppe nachdenken sollten, bevor sie weiterlesen.

1. *Beschreiben Sie eine oder zwei Führerpersönlichkeiten, die Sie bewundern. Welche Eigenschaften dieser Personen fallen Ihnen besonders auf?*
2. *Was bedeutet es für Sie, verantwortlich zu sein?*
3. *Welche Erfahrungen haben Sie als Verantwortlicher gemacht?*
4. *Welche Probleme oder Schwierigkeiten sind aufgetaucht?*
5. *Was möchten Sie durch dieses Buch besonders lernen?*

2. Verantwortung für Gott und Gebet

Nehemia 1,1-11

Am Anfang der Geschichte sind die „Lehrjahre“ des zukünftigen Führers Nehemia dargestellt. Er weiß noch nicht, daß ihm seine Abschlußprüfung unmittelbar bevorsteht. Seine Ausbildung, die sein ganzes bisheriges Leben dauerte, steht vor dem Ende.

Dieser Sachverhalt soll mit einem Bild ausgedrückt werden: Der Führer Nehemia ist noch ein verpuppter Schmetterling. Sein Körper ist mit allen Teilen voll ausgebildet, aber er befindet sich noch in seinem Kokon. Deshalb kann er seinen Körper noch nicht gebrauchen. Irgendwann wird dieser Schmetterling aus dem Kokon schlüpfen, seine noch nassen Flügel entfalten und erste Flugversuche machen. Nehemias erste Bemühungen für Jerusalem können mit solchen ersten Flugversuchen verglichen werden.

Im Mittelpunkt dieses Kapitels steht ein Gebet, das er angesichts seiner harten Probe an Gott richtete. Dieses Gebet gehört zu den bekanntesten der Heiligen Schrift. Es vermittelt tiefe Einblicke in den Charakter Nehemias.

Das Buch Nehemia enthält insgesamt neun Gebete. Die meisten davon sind Stoßgebete, die aus einer Situation heraus spontan erfolgten. Dies gilt jedoch nicht für das Gebet, welches hier behandelt werden soll.

Nehemias Leben ist durch die neue Aufgabe in einer ganz anderen Weise gefährdet als am Hofe des Königs von Persien. Dies ist das einzige, was ihm zu Beginn seiner Prüfung bewußt ist.

Obwohl Nehemias Gebet ganz auf seine persönliche Situation zugeschnitten ist, hat es auch für uns Bedeutung. Einer meiner Freunde sagte mir einmal, daß er Beten erst in Gebetsgemeinschaften mit erfahrenen „Gebetskämpfern“ gelernt habe. Wie Nehemia können wir heute nicht mehr beten. Wir können ihm jedoch beim Beten „zuhören“ und versuchen, die Geheimnisse seines Betens zu ergründen.

Im folgenden sollen zwei Aspekte seines Gebetes untersucht werden, nämlich die Umstände, in denen es erfolgte, und sein Inhalt. Gott konnte Nehemia nicht zuletzt deswegen zum Führer berufen, weil er ein Beter war. Vielleicht ist es uns möglich, die Angst, welche Nehemia bei seinem „Abschlußexamen“ hatte, nachzuerleben.

Zu Beginn des Kapitels wird berichtet, daß Hanani, ein Verwandter Nehemias (vermutlich ein Bruder), mit einigen Freunden aus Jerusalem zu Nehemia gekommen war. Sie schildern ihm die Lage Jerusalems mit ihren zerstörten Mauern und verbrannten Toren. Sie berichten von der Schmach und Schande der Einwohner. Nehemia ist von diesen Nachrichten so erschüttert, daß er lange Zeit weint, fastet und betet.

141 Jahre sind seit der Zerstörung Jerusalems vergangen. Die Juden hatten Götzendienst getrieben und damit fortwährend Gottes Gebote übertreten. Nehemia verspotteten sie, weil er sie warnte. Sie hatten aus dem Schicksal der zehn Stämme des Nordreiches nichts gelernt. Dafür mußten sie einen hohen Preis bezahlen. Ihre Stadt wurde zerstört, ihr König enteignet, geblendet und gefangengenommen. Sie selbst wurden in Ketten nach Norden geführt, um Gefangene und Fremdlinge fern von ihrer Heimat zu werden. Ein Nachkomme dieser Leute war Nehemia.

Für Nehemia und sein Volk war Jerusalem die Heimat, nach der sie sich mit ihrem ganzen Herzen sehnten. Seine Gedanken waren ständig bei dieser Stadt. Wie alle anderen Juden erregten auch ihn Neuigkeiten über die ersten Bewohner Jerusalems. (König Kores hatte seinerzeit Juden aufgefordert, nach Jerusalem zu gehen, um einen neuen Tempel zu bauen. Siebzig Jahre nach der Eroberung wurde er vollendet, wie es bereits durch Jeremia vorausgesagt worden war. Als die Vollendung des Tempels in Susa bekannt wurde, war Nehemia wohl noch ein Kind.)

Der Tempel war aber noch keine Stadtmauer. Die Juden hatten zwar wieder einen Ort, wo sie anbeten konnten, aber ihre Stadt war noch nicht verteidigungsfähig gemacht worden. Die Gegner Jerusalems hatten die Angewohnheit, Drohbriefe in die Stadt zu schicken. Ihr jüngster Angriff Jerusalems war wohl mit stillschweigender Duldung der Regierung geschehen, jedoch ist dies nicht sicher. Sicher ist aber, daß die Arbeit von Monaten in wenigen Tagen zerstört worden war. Damit war auch die Hoffnung der Juden zerstört, ihre Stadt wiederherstellen zu können.

Gebet und Gefühl

Nehemias Gebet war von einem wahren Sturm von Gefühlen begleitet. Soll Beten von Emotionen begleitet sein? Sollten wir unsere innere Haltung beim Beten in Zukunft ändern? Oder waren Weinen, Trauern und Zagen nur ein Ausdruck der damaligen Kultur? Vielleicht war Nehemia aber auch ein Mensch, der emotional besonders veranlagt war.

Es ist zweifellos leichter, für etwas zu beten, für das man auch etwas empfindet. Teilnahmslosigkeit wirkt sich negativ auf Beten aus. Das Vorhandensein von Gefühlen ist jedoch kein Maßstab dafür, ob Beten erhört wird. Auf die Frage, was sie tue, wenn sie nicht zum Beten aufgelegt sei, sagte eine bekannte Frau einmal: „Ich bete einfach. In einem solchen Zustand habe ich es am meisten nötig."

Dasselbe gilt auch für uns. Wenn die heiligen Schauer, die uns den Rücken hinunterrieseln, nicht mehr da sind, dürfen wir nicht aufhören, zu beten. Was nützen uns dann Nehemias Gefühle beim Beten? Ich denke, sehr viel. Gefühle können gerade für uns, die wir sehr zu Nüchternheit neigen, Ausdruck unseres geistigen Zustandes sein.

Es erscheint uns selbstverständlich, für eine Sache zu beten, von der wir selbst betroffen sind. Dinge, die einen selbst nichts angehen, werden auch weniger ins Gebet aufgenommen. Unruhe ergreift uns immer dann, wenn der Heilige Geist die Augen für Dinge öffnet, die wir vorher noch nicht wahrgenommen haben. Zu solchen Realitäten gehört zum Beispiel die Not anderer Menschen oder die Existenz finsterer Mächte. Stellen Sie sich vor, Sie stehen in einem dunklen Zimmer. Es wird plötzlich Licht gemacht und Sie sehen eine blutüberströmte Leiche. Stellen Sie sich ein anderes Zimmer vor, das für ein Fest hergerichtet ist. In beiden Fällen werden Sie mit Gefühlen reagieren. Gefühllosigkeit bedeutet, daß man für die Realität blind geworden ist.

Kürzlich nahm ich an einer Konferenz für Leiter in der Gemeindearbeit teil. Während dieser Konferenz wurde Gelegenheit gegeben, vor der Versammlung seine Sünden zu bekennen. Sie wurde von sehr vielen Teilnehmern wahrgenommen, obwohl keinerlei Zwang ausgeübt wurde. Die meisten fielen auf die Knie, viele fingen an zu schluchzen oder zu weinen. Der Heilige Geist hatte ihnen die Realität ihrer Sünde bewußt gemacht. Vielleicht war es das erste Mal, daß sie ihre Sünde so sahen, wie Gott sie sah.

Vor einigen Jahren las ich einen Missionsbericht, der einen Brief einer Missionarin auf den Philippinen enthielt. Sie mußte wegen einer Rückenmarkstuberkulose stationär behandelt werden. Sie mußte dort lange in einem Gipsbett liegen. Dieser Bericht berührte mich sehr, und ich betete, daß Gott sie sogleich heilen möge. Ich glaubte nicht an eine Heilung und war erstaunt darüber, wie inbrünstig ich dafür betete. Ich glaube, daß der Heilige Geist mir zwei Wahrheiten gezeigt hatte: 1. Gott brauchte diese junge Missionarin. 2. Er konnte etwas tun, was sowohl nach meinen Glaubenserfahrungen als auch nach meinen medizinischen Erkenntnissen unmöglich war. Die Missionarin wurde auf wunderbare Weise geheilt, wodurch ihr Arzt in Staunen versetzt wurde. Kurze Zeit danach wurde sie meine Frau.

Erkenntnisse durch den Heiligen Geist sind nicht immer vorhanden. Es gibt Zeiten, in denen man überhaupt nichts spürt. Trotzdem sollte man danach streben, solche Erkenntnis zu bekommen. Wir bekommen sie nicht, wenn wir unsere Gefühle von uns aus beeinflussen. Wir sollten uns vielmehr für Realitäten öffnen lassen. Gott ließ Nehemia das Leid seines Volkes erkennen, ein Leid, das ihm Unehre brachte. Er gab Nehemia Vollmacht zum Handeln. Gott möchte dasselbe auch mit uns tun. Gefühllosigkeit kann bedeuten, daß wir für Gottes Sache gleichgültig geworden sind. Dann sind wir lau geworden, und das verabscheut Gott. In einem solchen Fall sollten wir unsere Sünden bekennen und Buße darüber tun, daß wir uns nicht mehr ganz Gott hingeben. Wenn wir dies tun, wird Gott sich uns wieder zuwenden, um uns zu reinigen und zu erneuern.

Was aber sollten wir tun, wenn wir beten müssen und uns innerlich ganz leer fühlen? Wir sollten diese Leere vor Gott bringen und nach der Ursache fragen. Wir sollten den Heiligen Geist bitten, uns Realitäten vor Augen zu führen, für die wir blind geworden sind. Wenn wir dann trotzdem leer bleiben, sollten wir dennoch beten. Man kann dunklen Mächten widerstehen, wenn man Vertrauen und Gehorsam bewußt übt.

Vertrauen auf Gott

Wenn man nicht an die Existenz Gottes glaubt und nicht nach ihm fragt, ist Beten unmöglich. Woher nahm Nehemia seinen Glauben?

Glaube ist kein Gefühl. Manchmal haben wir das Gefühl, daß sich aufgrund unserer Gebete etwas tun wird. Ein solches Gefühl ist aber noch nicht Glaube, auch wenn er dadurch erleichtert wird. Glaube ist Gehorsam gegenüber dem Willen Gottes. Der Anfang von Nehemias Gebet zeigt, daß er bereit ist, Gott ganz zu gehorchen (Neh. 1,5).

Vertrauen kann man nur zu jemandem haben, den man gut kennt. Dabei muß man besonders zwei Dinge über den anderen wissen: *Kann* und *will* er tun, was wir von ihm bitten? Meine Frau mußte sich einmal einer schweren Operation unterziehen. Ich war deswegen sehr besorgt und fragte mich, wem ich diese Operation anvertrauen konnte. Ich erinnerte mich an meinen alten Chef. Als Student hatte ich ihm assistiert. Ich sehe noch, wie er mit sicherer Hand komplizierteste Operationen fehlerfrei ausführte. Selbst unvorhergesehene Komplikationen konnten ihn nicht aus der Fassung bringen. Ich wußte, daß man ihn auch um eine Gefälligkeit bitten konnte. Er war vertrauenswürdig. Er war in der Lage, die Operation auszuführen und würde auch dazu bereit sein. Davon war ich überzeugt.

Nehemia wußte, daß auch Gott die beiden genannten Eigenschaften besaß. Der „große und schreckliche Gott" *kann* alles tun. Der Gott, welcher „hält den Bund und die Barmherzigkeit denen, die ihn lieben", *will* auch tun, was wir brauchen. Nehemia zweifelte weder an Gottes Fähigkeiten noch an seiner Verläßlichkeit. Gott konnte alles für Nehemia tun und er war immer für ihn da.

Es fällt mir nicht schwer, an Gottes Macht zu glauben, weil ich sie schon in vielfältiger Weise erfahren habe. Manchmal zweifele ich jedoch, ob Gott überhaupt bereit ist, seine Macht zu beweisen. Wer bin ich, daß Gott sich gerade um mich kümmern sollte? Diese Frage kommt mir oft in den Sinn. Ich weiß, daß er mich liebt und daß er gut ist. Mein Gott kann. Und mein Gott will. Nehemias Vertrauen gründete sich auf das Wissen um die Eigenschaften Gottes. Darüberhinaus beruft er sich auf eine Verheißung Gottes: „Gedenke aber doch des Wortes, das du deinem Knechte Mose gebotest ...“ (Neh. 1,8). Diese Verheißung gab seinem Vertrauen festen Halt. In der *Pilgerreise* werden Christ und Hoffnungsvoll einmal durch den Riesen Verzweiflung in seiner Zweifelsburg gefangengehalten. Sie liegen im Kerker und sind sehr niedergeschlagen. Plötzlich erinnert sich Christ an einen Schlüssel, den er bei sich trägt. Es ist der „Schlüssel der Verheißung“. Mit diesem Schlüssel können sie das Tor der Zweifelsburg öffnen und entkommen. Als der Riese Verzweiflung dies sieht, stirbt er an Krämpfen. Nehemia wußte auch den „Schlüssel der Verheißung“ zu gebrauchen, um seinem Zweifel zu entkommen.

Im folgenden werden zwei Aspekte behandelt, die im 5. Vers enthalten sind.

1. In der Literatur über das Beten kann man die unterschiedlichsten Ansichten darüber finden, wie ein Gebet zu beginnen sei. Es werden verschiedene Arten des Betens beschrieben, zum Beispiel, Anbetung, Bekenntnis und Bitte. Einige Bücher empfehlen, das Gebet mit einem Schuldbekenntnis zu beginnen, andere, es mit Anbetung zu eröffnen. Bei Nehemia findet man nichts von beidem. Er richtet seinen Blick ganz auf Gott, dem er sich nahen will. Dadurch, daß er sich die Eigenschaften Gottes vor Augen stellt, gewinnt er Vertrauen. Er faßt Mut. Weder Schuldbekenntnis noch Anbetung noch sonst irgendeine Form des Gebetes sind ideale Wege, ein Gebet zu beginnen. Wir sollten lieber unsere Herzen vorbereiten und den Blick auf denjenigen richten, den wir anbeten wollen. Der Heilige Geist wird uns dann in die richtige Gebetsform führen, sei es Bekenntnis, Fürbitte, Anbetung oder Bitte. Nehemias einleitender Satz zeigt, worauf er seinen Blick richtet; darauf kommt es am meisten an, wenn wir beten.

2. Beim zweiten Punkt geht es um Gehorsam. Der Gott Nehemias bekennt sich zu denen, „die ihn lieben und seinen Bund halten“. Wir haben oft Zweifel, ob Gott unser Gebet erhören will. Die Ursache ist meist Sünde, die nicht bereinigt ist. In einem solchen Fall sollten wir diese Sünde bekennen.

Nehemia wußte, daß er die Verheißungen, welche Gott einst am Garizim gegeben hatte, ernst nehmen konnte. Es waren Verheißungen des Segens und des Fluches an sein Volk. Es sollte gesegnet sein, wenn es Gottes Bund hielt, und verflucht sein, wenn es ihn brach.

Gott hält seinen Bund denen, „die ihn lieben und seine Gebote halten". Wer Gott liebt, hält seine Gebote. Darauf weist Jesus in Johannes 14,21 hin. Gott, der seinen Bund hält, hat geschworen, sein Volk niemals zu verlassen, wenn es seinen Bund gleichermaßen hält. Gott und sein Volk haben sich in ihren Zielen und Absichten aneinander gebunden. Nehemia weiß aber, daß der Bund von seinem Volk gebrochen worden ist. Im Laufe der Jahrhunderte hatte sich Israel immer mehr von Gott abgewandt. Fast alle Könige in Juda duldeten oder unterstützten Götzendienst. Sie hatten sich mit anderen Völkern verbündet, obwohl Gott dies ausdrücklich verboten hatte. Sie duldeten soziale Ungerechtigkeiten, die bereits im Gesetz Moses verboten worden sind. Die Propheten Gottes wurden von ihnen verfolgt, die falschen verehrt. Wegen seiner beharrlichen Sünde mußte der größte Teil des Volkes in die Gefangenschaft gehen.

Nehemia kann nicht auf Gott schauen, ohne sich dieser Tatsachen bewußt zu sein. Weil er für sein Volk betet, kann er dessen Sünde nicht übergehen. Deshalb enthält der erste Teil des Gebetes nicht nur Bekenntnis, sondern auch Fürbitte.

Wir sollten Gott täglich in unsere Herzen blicken lassen. Dabei müssen wir aber beachten, daß wir unser Herz niemals aus eigener Kraft von Befleckung rein halten können. Vielmehr sollten wir auf das Reden des Geistes Gottes hören, um Punkte in unserem Leben zu erkennen, die der Reinigung und der Vergebung bedürfen. Der Heilige Geist macht uns auf solche Punkte aufmerksam. Er ermahnt uns ständig, Gott zu gehorchen und zu lieben. Er war es wohl auch, der Nehemia zu seinem Sündenbekenntnis veranlaßt hat.

Das Prinzip der Identifikation

Es gibt eine Stelle in Nehemias Schuldbekenntnis, die uns stutzig machen muß: Nehemia bekennt die Sünden anderer Menschen, *als ob es seine eigenen wären*. „... und bekenne die Sünden der Kinder Israel, die wir an dir getan haben; und ich und meines Vaters Haus haben auch gesündigt. Wir haben an dir mißgehandelt, daß wir nicht gehalten haben die Gebote, Befehle und Rechte, die du geboten hast deinem Knecht Mose" (Neh. 1,6-7). Zweifellos war auch Nehemias Leben nicht ohne Sünde. Was uns aber verwundert, ist, daß sein Sündenbekenntnis eine Jahrhunderte dauernde Rebellion Judas gegen Gott einschließt. Diese Zeit war von innerer Kälte und Selbstsucht geprägt. Die Propheten wurden verachtet. Dies alles geschah lange bevor Nehemia geboren war. Er fühlte sich für sein Volk verantwortlich, ein Gefühl, das uns heute meist abgeht. Es kommt selten vor, daß wir uns für die Gemeinde so verantwortlich fühlen wie Nehemia. In unserer Zivilisation wird Individualität betont. Wir sind *individuelle* Mitglieder unserer Kirche. Verfehlungen der Kirche werden nicht als unsere eigenen bekannt. Ist Nehemias Verhalten eine Folge der Kultur, in der er lebte? Wenn das so wäre, brauchten wir Nehemias Eigenart, sich zu Sünden anderer zu bekennen, nicht zu übernehmen. Wir wollen diese Eigenart einmal „Identifikationsprinzip" nennen.

Wir können dieses Identifikationsprinzip auch bei Daniel finden. Nur wenige Männer waren so gottesfürchtig wie er. Dennoch betete er: „Wir haben gesündigt ... wir haben nicht gehorcht" (Dan. 9,5-6). Obwohl es weder Daniels noch Nehemias Sünden waren, identifizieren sich diese Gebetskämpfer mit den Sünden ihres Volkes. Sie beten nicht: „Oh Herr, vergib *ihnen*", sondern: „Oh Herr, vergib *uns*".

Ein weiteres Beispiel für dieses Identifikationsprinzip kann in Jesus gefunden werden. Als er zu Johannes kommt, um sich taufen zu lassen, wartet er in einer Reihe mit Sündern. Er hat nicht gesündigt. Gerade darauf weist Johannes hin. Um „alle Gerechtigkeit zu erfüllen", stand Jesus in einer Reihe mit Sündern, die die Notwendigkeit der Buße eingesehen hatten. Obwohl er ohne Sünde war, identifizierte er sich bewußt mit Sündern. Er sollte der zweite Adam werden, einer, der für uns Menschen steht. Er lehnte es ab, seine Reinheit auf den Leuchter zu stellen, oder zu betonen, wie gut er im Vergleich zu anderen war.

Als Medizinstudent hatte ich einmal eine Lehrveranstaltung über Geschlechtskrankheiten versäumt. Ich mußte deshalb an einem Abend ganz allein zur Klinik für Geschlechtskrankheiten gehen, zu einer Zeit, zu der dort normalerweise keine Studenten waren. Als ich das Gebäude betrat, kam ein mir unbekannter Pfleger auf mich zu. Eine Reihe von Männern wartete auf Behandlung. „Ich möchte gern zum Arzt", sagte ich. „Das möchte hier jeder. Warten Sie, bis Sie an der Reihe sind", antwortete er. „Sie verstehen mich falsch", sagte ich. „Ich bin Medizinstudent." – „Das ist unerheblich", sagte der Pfleger.

„Sie sind durch denselben Eingang wie alle anderen gekommen. Warten Sie, bis Sie an der Reihe sind.“ Schließlich konnte ich ihm doch klarmachen, wozu ich gekommen war. Ich kann mich noch gut an das Schamgefühl erinnern, welches mich hinderte, mich in eine Reihe mit Geschlechtskranken zu stellen. Jesus ließ dagegen keine Schamgefühle in sich aufsteigen, als er darauf wartete, getauft zu werden. Der moralische Graben, der ihn und uns voneinander trennte, war größer als das, was mich von den Männern in der Klinik trennte. Überdies war meine Abneigung gegen Geschlechtskrankheiten nichts gegen die Abneigung Jesu gegen Sünde. Er überbrückte jedoch den Graben, trat in unsere Reihen, nahm uns an und blieb doch rein. Er identifizierte sich mit denen, die er zu retten gekommen war. Er wurde einer wie wir. Diese Identifikation war es, die Nehemias Gebet zu einem wirklich großen Gebet machte.

Reden mit Gott

Nehemias Gebet enthält noch mehr. Er identifizierte sich mit seinem Volk derart, das er sein Anwalt werden konnte. Er steht vor Gott so, als sei er von einem gebeugten, schuldigen Volk umgeben, dessen Abgesandter oder Fürsprecher er ist. Nehemia zeigt durch seine Haltung, daß ihm das Schicksal seines Volkes wichtiger als sein eigenes ist. Dabei ist ihm gleichgültig, ob er dadurch bei Gott in Ungnade fällt. Eine solche Haltung stößt heute leider weitgehend auf Unverständnis.

Wie kühn dürfen unsere Bitten sein? Dürfen wir uns Gott entgegenstellen, wenn wir um etwas bitten? Ist es überhaupt notwendig, Gott zu etwas zu überreden, zumal er in seiner Unfehlbarkeit schon vorher festlegt, was er tun will? Werden unsere Bitten unter dieser Voraussetzung überhaupt noch etwas bewirken können? Sind menschliche Aktivitäten nicht überhaupt nutzlos, wenn man sich Gottes Souveränität einmal vor Augen führt?

Dennoch wenden sich große Gottesmänner wie Abraham, Mose, Jeremia, Daniel und Paulus mit Bitten an Gott. Ihre Bitten waren alles andere als höfliche und unterwürfige Äußerungen von Wünschen. Ihre Bitten waren ernsthaft und wurden manchmal mit derartiger Verwegenheit vorgetragen, daß sie tollkühn erscheinen. Was soll man von solchen Leuten halten? Ist es zu rechtfertigen, wenn man vor dem heiligen Gott seine eigene Nichtigkeit und Sterblichkeit vergißt? Die genannten Beter waren sich gerade dessen sehr wohl bewußt. Ihr Gott war heiliger und größer als die Bilder, die wir uns heute von ihm machen. Ihr tollkühner Mut – den wir bei uns heute in der Regel nicht mehr finden können – entsprang ihrer tiefen Selbstlosigkeit, die sie ihr eigenes Schicksal angesichts des Schicksals ihres Volkes vergessen machte. Ihre Hauptsorge war, daß die Welt mit Gott bekannt wurde. Diese Sorge beruhte auf ihrer Liebe zu Gott; für den Ruf seines Namens gaben sie alles. Die Israeliten waren Gottes Volk. Deshalb war Gottes Ansehen mit dem seines Volkes eng verbunden.

Einige Jahrhunderte vor Nehemias Geburt hatte Israel mit dem goldenen Kalb Gottes furchtbaren Zorn hervorgerufen. Obwohl Mose genau wußte, daß Gott sein Volk vernichten würde, konnte er den Gedanken nicht ertragen, daß die Ägypter so einen schlechten Eindruck von Gott erhalten würden. „Warum sollen die Ägypter sagen und sprechen: Er hat sie zu ihrem Unglück ausgeführt, daß er sie erwürgte im Gebirge...? Kehre dich von dem Grimm deines Zornes und laß dich gereuen des Übels über dein Volk."

Gott soll sich gereuen lassen? Gott soll seine Absicht ändern? Hat Mose vielleicht nicht gewußt, daß Gott unwandelbar ist? Hat er nicht gewußt, daß Gott nach aller theologischen Erkenntnis niemals seine Absichten ändert und daß er mit unüberwindbaren Schranken umgeben ist? Wußte er nicht, daß sich der unfehlbare Gott nicht durch den Notschrei eines einzelnen Menschen lenken läßt und daß die traurige Lage eines Volkes ihn unbeeinflußt läßt? Offensichtlich ist sich Mose dieser Dinge nicht bewußt. Diese Tatsache war für das Volk Gottes ein großes Glück, denn in 2. Mose 32, 14 lesen wir: „Also gereute den Herrn das Übel, das er drohte seinem Volk zu tun." Es ist schwierig, den Allmächtigen in bestimmte philosophische Schemen hineinzupressen.

Die Tatsache, daß Gott seine Absicht geändert hat, ist jedoch kein Triumph für Mose. Indem er sich der Tatsache bewußt ist, daß sein Anliegen wichtiger als die göttliche Unantastbarkeit ist, stellt er sich zitternd aber entschlossen zwischen einen heiligen Gott und ein sündiges Volk. Sein eigenes Leben aufs Spiel setzend, fleht er Gott um Vergebung für sein Volk an. Das Ergebnis ist für ihn lebenswichtig. Sein Leben und Nachruhm sind wie Staub, der vom Winde verweht wird, verglichen mit der Bitte, die er vor Gott bringt: „Nun vergib ihnen ihre Sünde; wo nicht, so tilge mich aus deinem Buch, das du geschrieben hast.“

Wenn wir Mose verstehen, dann können wir auch Nehemia verstehen. Beide muß man verstehen können, wenn man selbst bei Gott für jemanden eintreten will. Glaube und Gefühl müssen stimmen, wenn wir in Fürbitte vor Gott treten. Nehemia und Mose gleichen in dieser Hinsicht einander; dies spiegelt sich in den Versen acht und neun wider. In diesen Versen zitiert Nehemia aus 5. Mose 28,64 und 30,1-4: „Wenn ihr euch versündigt, will ich euch unter die Völker streuen. (9) Wo ihr euch aber bekehrt zu mir und haltet meine Gebote und tut sie, und ob ihr verstoßen wäret bis an der Himmel Ende, so will ich euch doch von da versammeln und will euch bringen an den Ort, den ich erwählt habe, daß mein Name daselbst wohne.“ Noch eindrucksvoller ist Nehemias Plädoyer in Vers 10: „Sie sind ja doch deine Knechte und dein Volk, ...“ Dies ist wie ein Echo von 5. Mose 9,29, wo Mose dem Volk Israel beschreibt, wie er vor Gott für sie eingetreten ist.

Es gibt somit drei Vorbedingungen für das Flehen zu Gott: 1. Eifer im Gehorsam Gottes Ruf gegenüber, 2. Liebe zu seinen Mitmenschen und 3. Aufgabe unseres Ichs und allem, was damit verbunden ist. Wenn wir in der Lage sind, diese Bedingungen zu erfüllen, dann können wir bitten wie Mose und Nehemia. Dann kann es auch sein, daß Gott seine Entschlüsse aufgrund unseres Flehens ändert. Der Schlüssel dazu ist, daß wir das Wort Gottes mit allen seinen Verheißungen kennen.

Gott tut nichts lieber, als seine Verheißungen zu erfüllen, wenn es angemessen ist. Der Heilige Geist kann unseren Glauben so sehr stärken, daß wir die Gewißheit bekommen, daß Gott uns hören und antworten wird. Wir werden feststellen, daß wir im Gebet nur den Eingebungen des Heiligen Geistes folgen. Obwohl das Gebet von uns kommt, wird es doch durch ihn vor Gott gebracht. Unser Flehen ist nur Teil eines geheimnisvollen Zusammenwirkens Zweier. Wir beten und werden in freudiges Erstaunen versetzt.

Gott streckt uns seine Hand entgegen. Wenn wir sie ergreifen, werden wir merken, daß wir Leben und Kraft ergriffen haben. Diese Hand kann Berge versetzen.

Mit Kanonen auf Spatzen

Nehemias Gebet enthält, verglichen mit dem, was wir bisher behandelt haben, noch viel Problematischeres. Es nimmt eine eigenartige Wendung. Worum hat Nehemia tatsächlich gebeten? Kurioserweise hat Nehemia bis jetzt noch keine konkrete Bitte ausgesprochen. Nun, da er seine Bitte ausspricht, erscheint sie ziemlich anspruchslos, um nicht zu sagen, unpassend, verglichen mit der Erhabenheit seines ganzen Gebetes. „... laß es deinem Knechte heute gelingen *und gib ihm Barmherzigkeit vor diesem Manne*“ (Neh. 1,11). Wozu diese wuchtige Eröffnung für eine derart geringe Bitte? Nehemia scheint mit Kanonen auf Spatzen zu schießen. Warum ein Gebet von solchen Ausmaßen, wenn es nur der Sicherheit vor dem König dienen soll? Es gibt noch ein weiteres Rätsel: „Heute“ in Kapitel 1,11 bezieht sich möglicherweise auf einen Tag, der erst vier Monate nach seiner Fastenzeit beginnt, also noch in der Zukunft liegt (vergleiche Kap. 1,1 und 2,1). Nehemia hat tagelang gefastet und gebetet. Was hat er während dieser Zeit gemacht?

Wenn man Nehemias Gebet laut liest, dauert es weniger als eineinhalb Minuten. Hat Nehemia sein Gebet etwa wochenlang dauernd wiederholt? Oder ist sein Gebet nur eine Zusammenfassung seiner Gedanken, die er während dieser Zeit gehabt hat? Oder ist das Gebet Ergebnis langer Verhandlungen zwischen Gott und seinem Diener? Oder haben wir es mit dem Ergebnis von Schmerz und Unruhe zu tun?

Gebet darf nicht zu einem Monolog werden. Richtiges Beten geht immer zuerst von Gott aus und ist unsere Antwort auf Gottes Reden. Manchmal merken wir nicht, daß Gott redet. Wußte Nehemia, daß die schrecklichen Nachrichten aus Jerusalem ein Weg Gottes waren, um Nehemias Aufmerksamkeit zu erlangen? Wenn wir uns dessen bewußt werden, daß uns Gott selbst Gebetsanliegen gibt, dann werden wir noch mehr Vertrauen zu ihm gewinnen.

Jeder, der betet, weiß, daß Gebet mehr ist als Bitten und Empfangen. Wenn ich anfange, um etwas zu bitten, fühle ich, daß ich etwas falsch mache. Der Geist Gottes bestimmt den Kurs des Gespräches. Ich möchte mit ihm vielleicht über Frau Meier sprechen, während er mit mir über meine Sünden nachdenken will. Ich möchte über Afrika sprechen, er aber über meinen Nachbarn. Ich wappne mich für mein Gebet, indem ich mir vorher schon eine ganze Reihe von Punkten überlege. Er hat aber eine ganz bestimmte Sache, die ich tun soll. Nur dann, wenn wir innerlich ganz ruhig werden, kann er unseren Geist ordnen und uns zeigen, was wir beten sollen.

Vermutlich ist es so auch bei Nehemia gegangen. Man muß sich einmal in seine Lage versetzen. Um was hätte er Gott bitten können? Vielleicht hätte er gebetet: „Oh Herr, hilf doch unseren armen Brüdern in Jerusalem. Gib ihnen doch Mut, denn die Mauern sind zerstört worden. Erinnere sie daran, daß ihr Gott stärker ist als ihre Feinde."

„Nehemia, bist du nicht sehr heuchlerisch? Wenn ich wirklich solche Macht habe, warum gehst du nicht zum König und holst dir die Erlaubnis, nach Jerusalem zu gehen und die Mauern zu bauen? Es ist gut, daß du betest, aber es wäre besser, wenn du handeln würdest."

Während meiner Studentenzeit las ich ein Buch von G. H. Lang mit dem Titel „Gebet: zielgerichtet und kämpferisch". Der Autor führt neben anderem aus, daß Fürbitte immer bei Gott beginnt. Gott will nicht, daß wir Pläne festlegen und er seine Hilfe dazugeben soll. Er will, daß wir nach *seinem* Plan fragen. Wir sollen warten, daß er uns seinen Willen kundtut.

Lang sagt, daß unser Beten dadurch für uns erheblich einfacher wird. Wenn wir uns dessen bewußt werden, daß sich ein Problem um einen ganz bestimmten Punkt dreht, dann kann schon eine einfache Bitte Schlüssel zu großen Veränderungen sein. Anstatt eine ganze Liste von Bitten vorzutragen, genügt es oft, sich auf eine zu beschränken – vorausgesetzt, daß wir das Problem so sehen, wie Gott es sieht.

Napoleon hatte die Angewohnheit, seine Schlachten aus einer vorteilhaften Stellung heraus zusammen mit seinen Generälen zu beobachten. Er analysierte seine Beobachtungen und fand so den Schlüssel zum Sieg. Dabei hätte er beispielsweise zu seinem Marschall Ney sagen können: „Sehen Sie dieses Bauernhaus auf der Erhöhung jenseits des Flusses? Nehmen Sie es ein und halten Sie es. Verluste sind dabei gleichgültig. *Erobern und halten Sie diesen Bauernhof unter allen Umständen.*"

Lang sagt, daß wir genau auf die Anweisungen Gottes warten sollen, so wie die Generäle Napoleons auf seine Anweisungen gewartet haben. Ich setzte diese Anregung rigoros in die Praxis um und war über die Folgen überrascht. Ich wußte, daß persönliche Eindrücke vom Reden Gottes nicht immer richtig sind. So begann ich, mein Reden mit Gott im Gebet in einem Notizbuch aufzuschreiben.

Meine Verantwortung für die Studentenmission erweiterte sich bis auf eine nationale Ebene. Wenn ich Probleme vor Gott brachte, achtete ich darauf, auf seine Antwort zu warten, auch wenn es länger dauern würde. Ich sprach dann keine konkrete Bitte aus, sondern fragte Gott, wie ich beten sollte. Dann spürte ich, wie Gott mich führen wollte und betete entsprechend. Darauf notierte ich meine Bitte zusammen mit dem Datum, an dem ich sie vorbrachte; außerdem schrieb ich auf, inwieweit ich mir seines Willens sicher war und welche biblischen Anhaltspunkte es dafür gab. Daneben ließ ich eine Spalte frei, um die Ergebnisse meines Betens zu protokollieren.

Ich war oft verblüfft darüber, wie genau und wirkungsvoll meine Bitten waren. Einmal war eine ernste Situation entstanden, weil ein sehr einflußreicher Verantwortlicher in eine gefährliche Richtung führte. Es kam soweit, daß eine Versammlung einberufen wurde, an der ich jedoch nicht teilnehmen konnte. Wie sollte ich beten? Was sollte ich tun?

Als ich auf eine Antwort wartete, schien es mir, als wenn Gott sagte:

„Bete, daß er Buße tut und seine Fehler bei der Versammlung zugibt."

„Aber Herr, so etwas würde er nie tun."

„Bete, daß er Buße tut."

„Aber Herr,..."

„Bete, daß er Buße tut."

Ich gehorchte. Nach einer Woche hörte ich, daß er seine Gesinnung vollkommen geändert hatte. Das Unglück, welches ich befürchtet hatte, blieb aus. Nicht mein Gebet hatte die Dinge verändert, sondern die Tatsache, daß ich nach Gottes Plan handelte.

Ich möchte hier nicht den Eindruck erwecken, daß ich immer das Richtige getroffen hätte. Manchmal irrte ich mich gewaltig, obwohl ich meinte, nach den Weisungen des Heiligen Geistes zu handeln. Wenn auf meine Gebete andere Ereignisse eintrafen als ich mir vorstellte, konnte ich zu Gott zurückgehen und ihn fragen, wo mein Fehler lag. Dieser wurde mir dann oft recht schnell klar. Manchmal verstellten mir Stolz oder eigene Wünsche den Blick. Manchmal hatte ich aber auch ganz einfach biblische Grundsätze übersehen; der Geist Gottes gibt niemals Weisungen, die gegen sein Wort verstoßen. Nach und nach konnte ich die Stimme Gottes von den Stimmen meiner verkehrten Wünsche unterscheiden. Die Gewohnheit, meine Gebete in der beschriebenen Weise zu notieren, habe ich immer beibehalten. So lerne ich, auf Gottes Reden zu warten.

Fürbitte wird so leichter und effektiver. Für mich wurde sie zu einem Abenteuer mit meinem obersten Befehlshaber im Himmel. Ich lernte ihn immer besser kennen. Manchmal gab es erstaunliche Veränderungen in meiner Umgebung. Es gab auch Risiken, denn in manchen Dingen mußte ich gegen den gesunden Menschenverstand handeln. Darüberhinaus mußte ich mich meinen eigenen Fehlern und Schwächen stellen. Manchmal war ich selbst betroffen, wenn ich die Anweisung bekam, Dinge zu *tun*. Das ist auch die Situation, in der sich Nehemia befindet. Gott hat ihm aufgetragen, sich selbst einzubringen. Möglicherweise hatte Nehemia hunderte von ernsthaften Bitten auf der Zunge, bevor er es wagte, die Bitte auszusprechen, die Gott von ihm verlangte. Er wußte, wie gefährlich es war, als Mundschenk zum König zu gehen und ihn zu bitten, nach Jerusalem gehen zu dürfen. Trotzdem betete er, „... laß es deinem Knechte heute gelingen und gib ihm Barmherzigkeit vor diesem Manne".

Er bittet um nichts weiter als des Königs Gunst. Irgendwie scheint er zu wissen, daß sich alles andere fügen wird, wenn Gott diese Bitte erfüllt. Oft bringen wir einen Katalog mit tausenden von kleinen Anliegen vor Gott. In der Bibel können solche Gebetskataloge nicht gefunden werden.

Schlachten werden oft durch einen Faktor entschieden, zum Beispiel die Zerstörung einer Brücke oder die Besetzung eines Bauernhofes. Ein guter General kennt den Schlüssel zum Sieg. Der Heilige Geist kann mit einem solchen General verglichen werden.

Das Schicksal über Gelingen und Nichtgelingen hängt offensichtlich von Nehemias Bitte an den König ab. Für Nehemia steht das Leben auf dem Spiel. Er muß sich dazu hindurchringen, Gottes Befehl zu gehorchen; dadurch wird er zum geistlichen Führer.

Der Kokon liegt nun leer auf dem Boden und ist nicht weiter notwendig. Die von Gott verordnete Zeit der Vorbereitung ist nun vorüber. Nehemia ist jetzt wie ein Schmetterling, der seine Flügel entfaltet und – noch unsicher, aber nach und nach an Kraft zunehmend – der Sonne entgegenfliegt.

Für einzelne oder Gruppen

1. *Welche Rolle sollte nach Ihrer Meinung das Gefühl im Gebet spielen? Wann waren ihre Gebete besonders durch Gefühle beeinflußt?*
2. *Inwieweit beeinflussen unser Wissen über und unser Bild von Gott unsere Gebete?*
3. *Wie stark ist Ihrer Meinung nach Gottes Wille, unser Gebet zu erhören?*
4. *Nehemia identifiziert sich mit den Sünden und Bedürfnissen seines Volkes. Warum ist es für uns so schwierig, dieses im Hinblick auf unsere Gemeinde und Kirche zu tun?*
5. *Haben Sie schon einmal mit Gott verhandelt, so wie es Mose und Nehemia getan haben? Wenn ja, was ist dabei herausgekommen?*
6. *Welche Verbindung besteht zwischen Gebet und Gehorsam?*
7. *Wie können Sie an der Erhörung von Gebeten, die Sie vor kurzem an Gott richteten, mitwirken?*

3. Der Verantwortliche als Organisator

Nehemia 2,1-20

Nehemia ist ein Mann der Tat. Sobald er das Einverständnis des Königs hat, beginnt er mit der Vorbereitung seines Auftrages. Er stellt sicher, daß genügend Material vorhanden ist und daß die Reise seiner Leute gesichert ist. Er plant die einzelnen Arbeitsschritte und teilt die Arbeiter für die jeweiligen Aufgaben ein. Das scheint nicht mehr der fromme und gottvertrauende Nehemia zu sein. Hier ist der effektiv arbeitende Manager am Werk. Es kommt die Frage auf, wie sich Organisationstalent und Führung durch Gott vereinbaren lassen.

Diese Frage war uns als Studenten oft Anlaß zu heißen Diskussionen, bei denen wir unsere Standpunkte mit großer Selbstsicherheit vertraten. Einige von uns sahen die Dinge mehr geistlich und meinten, Organisation sei ein fleischlicher Ersatz für Führung durch den Geist Gottes. Andere ereiferten sich über die Wirkungslosigkeit „geistlicher Träumer“, welche sie als verantwortungslose, hochmütige Idioten abstempelten. Zurückschauend wird mir klar, daß beide zugleich recht und unrecht hatten.

In diesem Zusammenhang ist es wichtig, den Begriff *Wirksamkeit* zu erklären. Eine mögliche Definiation wäre: „Ziele mit möglichst geringem Aufwand erreichen.“ Dabei darf aber nicht unberücksichtigt bleiben, daß man sich über die Art der Ziele und der Mittel zur Erreichung derselben klar sein muß.

Man kann einiges über Effektivität bei großen Industrieunternehmen lernen. Wie werden Mitarbeiter hier motiviert? Wie erreicht man hier größte Wirtschaftlichkeit? Welche Marktstrategien gibt es bei diesen Unternehmen? Welche Werbetechniken sind am wirksamsten? Welche Maßnahmen werden ergriffen, um Arbeitsgänge zu verkürzen?

Dieser Vergleich mag Gefahren in sich bergen. In unserer Welt wird man am Erfolg gemessen und Erfolg bedeutet, daß man Konkurrenten an Macht und Vermögen übertrifft. Christen können von der Welt lernen, aber sie müssen dabei vorsichtig sein. Unsere Ziele sind anders und unsere Kraftquellen sind größer. Während wir also in Bezug auf Effektivität viel von der Arbeitswelt lernen können, müssen wir für die Definition dieses Begriffes andere Maßstäbe anlegen. Über den Stellenwert der Organisation gibt es unterschiedliche Standpunkte, wie bereits erwähnt wurde. Manche äußern den Verdacht, daß Organisation die Stelle des Heiligen Geistes einnehme. In einem Artikel mit dem Titel „Ich bin Zurückgetreten" protestiert Max Morris mit Recht dagegen, daß es in unseren Gemeinden zuviel an Veranstaltungen, Konferenzen und Gruppen gibt. Der Autor dieses Artikels sagt, daß für ihn oft nur der Samstagabend zum Vorbereiten von Predigten am Sonntagvormittag bleibe.

Auf der anderen Seite gibt es viele, die glauben, Probleme nur durch bessere Organisation lösen zu können. An dieser Stelle möchte ich sagen, was ich unter Organisation verstehe. Organisation ist ungut, wenn sie den Heiligen Geist ersetzen will. Man kann Menschen nicht in das Reich Gottes hineinorganisieren. Wenn ich an Nehemias organisatorische Fähigkeiten denke, dann fällt mir die Ordnung auf, mit der er seine Aufgaben anging. Ordnung ist biblisch. In 1. Korinther 14,40 schreibt Paulus: „Lasset alles ehrbar und ordentlich zugehen." Gott ist ein Gott der Ordnung. Seine Schöpfung ist wunderbar geordnet. Ein Gott der Ordnung wird durch seinen Heiligen Geist niemals Chaos inspirieren.

Nehemias Sinn für Ordnung äußert sich in drei Punkten:

1. *Er überlegt sich sein Gebet, bevor er es an Gott richtet (2,1-10).*
2. *Er plant im voraus, um nicht in vermeidbare Schwierigkeiten zu geraten (2,11-16).*
3. *Er motiviert seine Leute, bevor er Arbeiten an sie delegiert (2,17-18).*

Überlegung beim Beten

Die ersten acht Verse von Nehemia, Kapitel zwei scheinen zu bestätigen, daß Gott es war, der Nehemia veranlaßt hat, zum König zu gehen und seine Bitte vorzutragen. Er kam zu einem Zeitpunkt, an dem der König kaum durch andere Dinge in Beschlag genommen war.

Die Königin war anwesend; das ist etwas Außergewöhnliches, weil Königinnen sonst nie bei öffentlichen Angelegenheiten anwesend waren. Man kann daraus schließen, daß Nehemia den König in privater Atmosphäre antraf, wodurch dieser zugänglicher war als sonst.

Eine Vorschrift des Protokolls besagte damals, daß Bedienstete in der Gegenwart des Königs immer ein fröhliches Gesicht zeigen mußten. Nichts durfte die Stimmung des Königs verderben. Nehemia war gewohnt, traurige Stimmungen hinter einem freundlichen Gesicht zu verbergen. Er muß deshalb seine traurige Miene mit Absicht aufgesetzt haben. Wenn er dies aus Überlegung heraus tat, dann wird er im Gebet entschieden haben, daß ein trauriges Gesicht am besten zu seinem Anliegen paßt. Aus dem weiteren Geschehen wissen wir, daß er recht hatte. „Ich war noch nie in des Königs Gegenwart traurig; deshalb fragte mich der König, ‚Warum siehst du so übel? Du bist ja nicht krank?‘" (2,2).

In dieser Situation muß Nehemia das Gleiche empfunden haben wie ein Fallschirmspringer kurz vor seinem ersten Sprung. Eine traurige Miene vor dem König zu machen, war ein großes Wagnis, ein Wagnis, das ihm Freiheit oder Leben hätte kosten können. Er wußte nicht, wie der König reagieren würde; deshalb erwartete er des Königs Antwort mit großer Spannung. Die Antwort des Königs wird für Nehemia deshalb die Auflösung einer großen Spannung gewesen sein. „Warum siehst du so übel? Du bist ja nicht krank?" Bei diesen Worten erfaßt ihn Schrecken. „Ich aber fürchtete mich sehr..." (2,2). Nehemia wird sich wohl schon lange vor diesem gefährlichen Augenblick gefürchtet haben.

Die folgenden Verse können auf zwei verschiedene Weisen interpretiert werden. „... ich sprach zum König: Der König lebe ewiglich! Sollte ich nicht übel sehen? Die Stadt, da das Begräbnis meiner Väter ist, liegt wüste, und ihre Tore sind mit Feuer verzehrt." Der König setzt seine Befragung fort und Nehemia bittet, nach Jerusalem gehen zu dürfen sowie um Briefe für eine sichere Reise und um Ermächtigungen zum Erhalt von Baumaterial.

Falls Nehemias trauriges Gesicht nur eine Gedankenlosigkeit von ihm war, dann war Gottes Gnade mit ihm und der Heilige Geist gab ihm bemerkenswerte Eingebungen. Dann hätte Nehemia aber in seinem Gebet nichts gelernt und hätte für sein verzweifeltes Problem keinen Entschluß gefaßt.

Diese Schlußfolgerung kann aber nicht zutreffen. Wenn wir mit einem Problem zu Gott kommen, nimmt er uns ernst. Die traurige Miene, welche Nehemia aufsetzt, kann mit dem Absprung des oben erwähnten Fallschirmspringers verglichen werden. Er führt eine Entscheidung aus, die er in der Gegenwart Gottes getroffen hatte. Nehemia hätte nicht um „Barmherzigkeit" vor dem König gebeten, wenn er nicht etwas Riskantes geplant hätte. Sein trauriges Gesicht war etwas Riskantes. Es war der erste Schritt im Gehorsam gegenüber Gott.

Wenn Nehemia sein trauriges Gesicht im voraus geplant hat, dann wird er auch seine erste Antwort auf die Frage des Königs geplant haben: „Sollte ich nicht übel sehen?..." Diese Worte sind sorgfältig überlegt. Er hätte auch politisch kommen können, indem er dem König verdeutlicht hätte, daß ein wiederbelebtes loyales Jerusalem ein Bollwerk gegen die Feinde des Königs sein würde. Das wäre jedoch nichts anderes als Schwindelei und Manipulation gewesen. Nehemia hatte einen anderen Weg gewählt, vermutlich, weil er zu wahrhaftig war, um an einen solchen Weg zu denken. Er sagt die Wahrheit, nämlich, daß er unglücklich darüber ist, daß sein Volk getrennt von seinem Erbteil in Gefangenschaft leben muß.

Nun hat er den Absprung gewagt. Er wird jetzt erfahren, ob sein Fallschirm ihn tragen oder ob er in den Tod stürzen wird. Die nächste Frage des Königs gibt ihm jedoch die Gewißheit, daß sein Flug gut verlaufen wird: „Was forderst du denn?" (2,4).

Sollte Gott uns einmal Verantwortung in seiner Arbeit übertragen, so wird es nicht ausbleiben, daß wir früher oder später mit höheren Repräsentanten des öffentlichen Lebens zu tun bekommen, die unsere christlichen Überzeugungen nicht teilen. Solche Begegnungen können einschüchternd wirken. Leuten dieser Art Bitten vorzutragen, kann für uns wie ein erster Fallschirmsprung sein.

In meinem Buch „Glauben halten!" berichtete ich über meine ersten Erfahrungen mit solchen Begegnungen. Im zweiten Weltkrieg diente ich auf einem Flugzeugträger. Ich bat dort um Erlaubnis, eine Bibel- und Gebetsstunde veranstalten zu dürfen. Der Kapitän war leicht reizbar. Dies lag nicht zuletzt daran, daß er die ganze Verantwortung für das Schiff trug. Da der Schiffsgeistliche zu dieser Zeit nicht anwesend war, fiel ihm diese Aufgabe auch noch zu. Durch meine Bitte fühlte er sich vermutlich herabgesetzt. Er lehnte sie ab. Ich war verwirrt und wußte nicht, was ich weiter tun sollte.

Unser Gott hängt nicht von den Launen von Königen, Kapitänen von Flugzeugträgern oder Beamten ab. Er hat ihre Herzen in seiner Hand. Er veranlaßt sie, genau die Entscheidung zu treffen, die er will. Wenn wir irgendeine Genehmigung brauchen, dann werden wir sie nicht immer bekommen. Wir können uns jedoch darauf verlassen, daß keine irdische Instanz Nein sagen kann, wenn Gott Ja sagt. Das gibt uns Zuversicht für unser Handeln.

In meinem Fall war ich über die Ablehnung zuerst ungehalten und erging mich in wortreichem Protest. Schließlich bekam ich den Befehl, das Büro zu verlassen – jedoch mit der Erlaubnis, um die ich nachgesucht hatte. Ich glaube, daß sowohl der Kapitän als auch ich von seiner Sinnesänderung überrascht waren. Nehemia hat einen wohlwollenden und aufmerksamen Zuhörer. Dies konnte er aber nicht vorher wissen. Wie wird er sich wohl gefühlt haben, als er die Worte hörte: „Was forderst du denn?"

Vielleicht hat er in diesem Augenblick aufgeatmet. Wir wissen es nicht genau. Was wir aber wissen, ist, daß er zu dem „Gott des Himmels" (2,4) betete. Der König wußte, was vor sich ging. Er wußte, daß Nehemias trauriges Gesicht kein Abweichen vom Protokoll, sondern Signal für eine Bitte war. Sei es aus Neugier oder Mitleid, er möchte jedenfalls wissen, welches Anliegen sein Diener hat.

Nehemia muß weitere Risiken auf sich nehmen. An seine nächste Frage denkend, bittet er Gott um Gnade. Seine Antwort auf die Frage des Königs erfolgt prompt. Er möchte nach Jerusalem gehen, möglicherweise im Auftrag des Königs, um die Stadt wieder aufzubauen. Er bittet nicht um Entlassung, sondern nur um einen vorübergehenden Wechsel der Verantwortlichkeiten, denn Jerusalem ist Gerichtsbezirk von König Artaxerxes. Jerusalem ist nicht nur Ruhestätte von Nehemias Ahnen, sondern auch wichtiger strategischer Punkt im persischen Reich. Als zuverlässiger Diener des Königs möchte Nehemia die Mauern der Stadt für ihn wiederherstellen, inbrünstig betend, daß diese Bitte gewährt werden möchte.

Bevor der König sein Einverständnis gibt, möchte er wissen, wie lange Nehemia für seine Reise brauchen wird. Nehemia merkt, daß sein Wunsch in Erfüllung geht, und antwortet sofort. Seine Vorstellungen über den benötigten Zeitraum sind genau, weil er diese Sache schon lange vorher in der Gegenwart Gottes durchdacht hat. „Und es gefiel dem König, daß er mich hinsendete. Und ich setzte ihm eine bestimmte Zeit" (2,6). Nehemia weiß zum Beispiel, daß die Zeit so lang sein wird, daß er ein Haus braucht. Da Wohnraum knapp ist, muß er ihn selbst beschaffen; selbst Material dafür muß er mitnehmen. „Man gebe mir Briefe an Asaph, den Holzfürsten des Königs, daß er mir Holz gebe zu Balken der Pforten an der Burg beim Tempel und zu der Stadtmauer und zum Hause, da ich einziehen soll."

Der erste Absprung mit dem Fallschirm ist gelungen. Der kritische Moment ist überstanden. Nehemia hat wahrscheinlich ein großes Gefühl der Freude verspürt, auch wenn er nach außen hin nichts gezeigt hat. Sein Erfolg hätte dadurch gefährdet werden können. Er hat geplant und auf Gott gewartet. Das wird nirgendwo deutlicher als in den Versen sieben und acht. Seine Pläne sind nun Wirklichkeit geworden. Er hat an alles gedacht, auch an sicheres Geleit durch die Beamten des Königs („Man gebe mir Briefe an die Landpfleger, daß sie mich hinübergeleiten, bis ich komme nach Juda.") Diese Bitte trägt er gleich vor, dem Grundsatz folgend, „Schmiede das Eisen, solange es heiß ist".

Nehemias Absichten sind wohldurchdacht. Wenn man den Zeitpunkt seines Gebetes berücksichtigt, muß man zu dem Schluß kommen, daß diese Absichten in der Gegenwart Gottes zustande kamen. Leider konnten wir nicht belauschen, was Nehemia und Gott miteinander besprachen. Dennoch soll im folgenden ein fiktives Gespräch wiedergegeben werden, das so vielleicht stattgefunden hat.

Nehemia: „Ja, ich könnte ihn bitten, mich zu senden. Aber was geschieht dann? Die Landpfleger rund um Jerusalem sind ganz offensichtlich feindlich gesinnt. Sie könnten leicht meine Durchreise verhindern."

Gott: „Es wäre für Artaxerxes kein Problem, dir Briefe zu geben, so daß du sicher hindurchkommen könntest. Er könnte diese Landpfleger sogar für deine Sicherheit verantwortlich machen."

Nehemia: „Aber die Mauern... Wir werden Bauholz brauchen."

Gott: „Ein Brief des Holzfürsten würde dieses Problem lösen."

Nehemia: „Würde der mir wirklich so einen Brief geben?"

Gott: „Sein Herz ist in meiner Hand. Ich lenke die Herzen wie Wasserbäche, wohin ich will."

Ob ein solches Gespräch stattgefunden hat oder nicht, ist unerheblich. Es soll nur ein Prinzip göttlicher Planung verdeutlichen: Schwierigkeiten sollen in Gottes Gegenwart gebracht werden. Immer, wenn etwas geplant wird, soll gebetet werden. Dabei soll man nicht einen Kraftstoß von Gott erwarten. Ziel des Betens soll es sein, Gottes Willen zu erfahren. Pläne, die aus intensivem Gebet hervorgehen, sind viel besser als fertige Pläne, die durch unser Gebet unterstützt werden sollen. Wenn ein Plan von Gott kommt, kann er nicht mißlingen. Wahre Wirksamkeit hat ihre Ursache im Warten auf Gottes Reden.

Ein Vorhaben, das nicht in Gott seinen Ursprung hat, wird auch nicht durch langes Beten bleibenden Wert erhalten. Es kann durchaus Erfolg haben. Es ist zum Beispiel möglich, daß Organisatoren ihre Ziele vollständig erreichen. Wenn diese Ziele jedoch nicht Gottes Ziele sind, welchen Wert hat es dann überhaupt, daß man sie erreicht hat?

Aus diesem Grunde ist es immer besser, Sitzungen mit Gebet zu beginnen anstatt sie mit Gebet zu beenden. Wenn Sie eine Sitzung von neunzig Minuten Dauer planen, dann sehen Sie 45 Minuten davon für Gebet vor. Beten braucht Zeit. Eile ist dabei unangebracht. Wir sollten diese Zeit nutzen, um Gott anzubeten und unsere Schuld zu bekennen. Es ist Zeit, die dem Heiligen Geist Raum gibt, uns den Blick zu öffnen, damit unsere Erkenntnis größer wird. Je mehr Zeit von Sitzungsmitgliedern im Gebet verbracht wird, desto weniger Zeit werden sie in fruchtlosen Diskussionen verschwenden und desto effektiver werden ihre Besprechungen sein.

Dieser Grundsatz ist durch meine Erfahrungen immer wieder bestätigt worden. Wir handelten danach in vielen Sitzungen der Studentenkomitees und in vielen Sitzungen, die ich in verschiedenen Ausschüssen im Laufe meines Lebens erlebte. Je länger ein Komitee damit verbrachte, auf Gott zu warten, desto weniger Zeit brauchte es zur Besprechung. Je kürzer aber diese Zeit des Gebetes war, desto länger erging man sich in langen, komplizierten und am Ende fruchtlosen Diskussionen.

Wenige Augenblicke im Angesicht Gottes verbracht können ein ganzes Volk retten. Die Wochen, die Nehemia im Angesicht Gottes verbrachte, waren keine verlorene Zeit. Er brauchte nur drei Bitten vorzutragen, um alles vom König bewilligt zu bekommen.

Gottes gute Hand war über Nehemia (2,8). Deshalb mußte der König handeln, wie Gott es wollte. Sein Herz wurde von Gott gelenkt. Gott ist mit Nehemia, weil dieser seinem Plan gehorcht. Er hat ihn in seine Gegenwart gebracht und ihn gelehrt, sich in Gehorsam in seinen Willen zu fügen.

Geheime Nachforschungen

Wirksamkeit beginnt mit Warten auf Gott, aber sie endet dort nicht. Nehemia wartet nicht nur auf Gott, er begibt sich auch in Gefahr, indem er mit trauriger Miene vor den König tritt; auf diese Weise leistet er Gottes Anweisungen Gehorsam. Sein Gehorsam wird noch deutlicher an der Art sichtbar, wie er seine Aufgabe angeht. Was wir auch immer planen, es ist wichtig, schon vorher einen genauen Überblick über die Voraussetzungen zu haben. Es ist zum Beispiel wenig sinnvoll, eine christliche Fernsehstation zu bauen, wenn die Menschen im Lande kaum Fernseher besitzen. Unwissenheit über die Vorbedingungen unserer Arbeit führt nur zu Frustrationen. Ich kenne eine Missionarsfrau, die sich für einen langen Aufenthalt im Urwald eingerichtet hatte. Als sie auf ihrem Missionsfeld – Buenos Aires – ankam, erlebte sie große Frustrationen. Sie hatte sich nämlich nicht auf das Leben in einer hochzivilisierten Weltmetropole eingerichtet. Sie war vorher nicht darüber informiert worden, wie ihr Aufgabenfeld aussehen würde.

Nehemia brauchte keine Frustrationen dieser Art zu erleben. Er informierte sich sorgfältig über die Probleme, denen er begegnen würde. Als er Hanani in Susa traf, befragte er ihn sorgfältig, „wie es den Juden ginge, die errettet und übrig waren von der Gefangenschaft, und wie es in Jerusalem ginge" (1,2). Sobald er in Jerusalem eingetroffen war, machte er einen Rundgang um die Stadtmauern, um das Ausmaß der Zerstörung einzuschätzen. Ich „machte mich des Nachts auf und wenig Männer mit mir... und es tat mir wehe, daß die Mauern Jerusalems eingerissen waren und die Tore mit Feuer verzehrt" (2,12-13). Bevor Nehemia mit seinem Werk beginnt, informiert er sich genau über die Vorbedingungen.

Die Voraussetzungen, denen sich Nehemia gegenüber sah, können leicht nachvollzogen werden. Der Wiederaufbau der Mauern von Jerusalem war einerseits ein technisches-, andererseits ein menschliches Problem. Vielleicht hatte Nehemia wenig Kenntnisse im Bauen. Diesen Mangel konnte er dadurch beseitigen, daß er geeignete Mitarbeiter auswählte. Er konnte in jedem Fall Probleme nur nach vorheriger Untersuchung der Mauer lösen. Auf Gott warten heißt nicht, daß genaue Informationen und Nachforschungen überflüssig sind. Nehemia mußte selbst herausfinden, was notwendig war. Wir haben hier ein weiteres Prinzip zur Erhöhung der Effektivität unserer Arbeit.

Obwohl der Heilige Geist manche Situation für uns vorbereitet, ist es doch unverantwortlich, sich nicht auf Dinge vorzubereiten, auf die man sich vorbereiten kann. Verantwortungsvolle Missionsgesellschaften untersuchen sorgfältig die Gebiete, in die sie Missionare hineinschicken wollen. Das heißt nicht, daß sie sich mehr auf ihre eigene Kraft als auf Gott verlassen, denn Glaube bedeutet auch, daß man ein offenes Auge für die Wirklichkeit hat. Der Glaubende muß Probleme kennen und auf Gott schauen, wenn es um Lösungen geht. Dabei kommt es nicht auf das Ausmaß des Vorhabens an. Ob man eine Evangelisation in einem angemieteten Saal oder einen landesweiten Einsatz startet, man muß sich über Gegebenheiten informieren, zum Beispiel, Säle inspizieren und Kosten vorausberechnen. Man zieht auch bei der Planung eines Krieges Geheimdienste zu Rat, um die Gewinnchancen zu ermitteln.

Als ich Vorsitzender des Ortsverbandes der Studentenmission in Manchester war, mußte ich mir oft Informationen über Arbeitsbedingungen einholen. Dieser kleine Ortsverband hatte jahrelang entmutigende Erfahrungen gemacht und trotzdem den Mut nicht verloren. Es kamen kaum Mitglieder hinzu und man war nur wenig unter den Studenten der Universität bekannt.

Die englischen Universitäten konnten damals in zwei Kategorien unterteilt werden. Da waren einerseits die „gray stone"- und andererseits die „red brick"-Universitäten. Zu den ersteren gehören Oxford und Cambridge. Sie können mit traditionellen deutschen Universitäten wie Heidelberg, Erlangen, Tübingen, usw. verglichen werden. Sie haben ein großes Prestige. Die Studenten leben selbständig und wohnen in der Regel in gemieteten Zimmern.

„Red brick"-Universitäten sind jünger. Sie werden meist von weniger wohlhabenden Studenten besucht, die zu 90 % zu Hause bei ihren Eltern wohnen. Dafür nehmen sie häufig große Anfahrtswege in Kauf. Verglichen mit ihren Kommilitonen an „gray stone"-Universitäten sind sie länger unterwegs und haben weniger Freizeit. Die Aktivitäten der christlichen Studentenorganisationen waren auf „gray stone"-Universitäten abgestimmt. Zu diesen Aktivitäten gehörten tägliche Gebetsgemeinschaften, Bibelgespräche und Zeugnisstunden. Man merkte bald, daß die Arbeitsformen, die für „gray stone"-Universitäten ideal waren, nicht so recht in die „red brick"-Universitäten paßten. Deshalb begann ich, das Leben an einer „red-brick"-Universität eingehend zu beobachten.

Cambridge und Oxford waren Universitäten, die aus einzelnen Colleges bestanden. Das einzelne College war hier die Ebene, auf der das Evangelium verbreitet werden konnte. Hier spielte sich auch das Gemeindeleben ab. Für mich stellte sich die Frage, welche passende Ebene es auf meiner Universität gab.

Meine Nachforschungen waren nicht besonders detailliert oder anspruchsvoll – Nehemias nächtlicher Gang um die zerstörten Mauern von Jerusalem war es auch nicht. Ich nahm nur das zur Kenntnis, was ohnehin offensichtlich war. Das war aber notwendig. So wurde mir gleich klar, daß man in zwei Richtungen vorgehen konnte: Zum einen konnte man versuchen, die Studenten zu erreichen, die in den Vorstädten wohnten, zum anderen konnte man sich um die wenigen Studenten in Wohnheimen kümmern.

Eine Analyse der Adressenlisten von Studenten, die an unserer Arbeit interessiert waren, ergab, daß die meisten in wenigen, eng umgrenzten Gebieten der Stadt wohnten. So gründeten wir einzelne Bibelkreise, die über die ganze Stadt verteilt waren.

Diese kleinen Gruppen waren jedoch von den Universitäten sehr weit entfernt. Deshalb gründete man eine Versammlung, die jeden Sonntag in der Nähe der Universität abgehalten wurde. Bald darauf fingen Studenten an, sich zu Christus zu bekehren. Die Gruppen wuchsen zusehends. Immer mehr Bereiche der Universität konnten erreicht werden, wenn auch mit unterschiedlichem Erfolg. Die von uns getroffenen Entscheidungen gingen von einer Frage aus: Wie sieht das Leben an unserer Universität wirklich aus? Welche Mittel und Wege gibt es, um unsere Mitstudenten zu erreichen?

Gott zeigte mir bald, daß ich die Studenten in den Wohnheimen vernachlässigte. Es gab drei Wohnheime, und nur in einem wohnten zwei Studenten, die Christen waren. Wenn wir dort etwas Neues beginnen wollten, mußten wir diese Studenten tatkräftig unterstützen. Ich betete über dieser Angelegenheit, und Gott gab mir ins Herz, meine Wohnung mit einem dieser beiden Studenten zu teilen. Ich gehorchte aber nicht und blieb in meiner Wohnung.

Ich erzähle dieses, weil Gottes Antwort auf mein Gebet Ähnlichkeit mit seiner Antwort auf Nehemias Gebet hat. Ich wollte meine Wohnung nicht verlassen, weil ich nach Jahren des Kriegsdienstes endlich wieder in sie eingezogen war. Darüberhinaus war ich überzeugt, daß ich keine dynamische Führerpersönlichkeit war. Ich empfand wie

Gideon, der auch glaubte, daß seine Fähigkeiten für den Auftrag Gottes nicht ausreichten. Gott entließ mich jedoch nicht aus der Verantwortung. Einige Monate später schrieb mir der Verantwortliche des Studentenwohnheims (er war Mitglied der Anglikanischen Kirche), daß er mich gern in seinem Wohnheim hätte, um dort eine christliche Studentenarbeit aufzubauen. Ich blieb unentschlossen, weil ich nach wie vor eine schlechte Meinung von meinen Führerqualitäten hatte. Gottes Anweisung war aber eindeutig, und so ging ich.

Die Arbeit wurde schwierig, denn ich bekam es mit Widerstand gegen meine Person zu tun. Die meisten Studenten hatten dieselbe Auffassung von meinen Führerqualitäten wie ich. Bald aber ließen meine erbittertsten Gegner von mir ab, weil sie meinten, daß ich ihrer Aufmerksamkeit nicht wert sei. Meine Freunde, die auch Christen waren, verstanden nicht, warum ich dort überhaupt hingegangen war. Manche meinten, daß ich es aus reiner Selbstgefälligkeit getan hatte und sie vernachlässigen würde. Sie verstanden meine Beweggründe nicht. In der ersten Zeit hatte ich wenig Erfolg. Ich bekam sozusagen „kein Bein auf die Erde". Wenn zu einer besonderen Veranstaltung eingeladen wurde, kam niemand. Ich fühlte mich alleingelassen. In diesen Tagen wurde mir Nehemia immer kostbarer.

Ich fing an, von Tür zu Tür zu gehen – mit viel Herzklopfen –, und erzählte den Studenten von Jesus Christus. Ich konnte daraufhin erste Bekehrungen erleben. Die neu bekehrten Studenten erwiesen sich als sehr wertvoll für meine Arbeit, denn sie fingen an, jeweils in ihrem Wohnheim für Christus zu wirken. Mit einer Ausnahme gingen alle diese Studenten später in den vollzeitlichen Dienst, sei es in der Heimat oder in Übersee.

Mitarbeiter Gottes sind sich immer über die Vorbedingungen ihrer Arbeit im klaren. Verantwortliche, die zum Beispiel eine Mitgliederversammlung leiten müssen, sollten über alles, was zur Diskussion steht, genau informiert sein. Nehemia gehört zu den vorbildlichen Verantwortlichen. Drei Tage nach seiner Ankunft in Jerusalem macht er sich auf, um sich bei Nacht die Mauern von Jerusalem zu besehen. „Ich machte mich des Nachts auf..." (Neh. 2,12). Warum bei Nacht? „... denn ich sagte keinem Menschen, was mir mein Gott eingegeben hatte zu tun an Jerusalem... Und die Obersten wußten nicht, wo ich hinging oder was ich machte; denn ich hatte bis daher den anderen ..., die an dem Werk arbeiteten, nichts gesagt" (2, 12+16). Warum diese Heimlichkeit?

„Offenes Regieren“ ist ein politisches Klischee, daß den Bürger glauben machen will, daß er über alle Regierungsgeschäfte informiert werde. Manche demokratischen Regierungen haben zwar unnötige Geheimnisse; es gibt aber Geheimnisse, die unbedingt gewahrt bleiben müssen, weil sonst die Sicherheit eines ganzen Staates gefährdet sein kann.

Bei der Arbeit im Reich Gottes kann es auch solche Geheimnisse geben. Geheimnisse zu wahren heißt, verschwiegen sein. Man muß zum Beispiel etwas für sich behalten können, wenn man dadurch den Ruf eines anderen zerstören kann. Schlimm ist es, wenn man Behauptungen über andere verbreitet, die sich später als falsch herausstellen. Dieses Thema („Vertrauen untereinander“) kann hier nicht weiter ausgeführt werden. Im folgenden soll über mögliche Gründe für Nehemias Verschwiegenheit nachgedacht werden.

Es ist offensichtlich, daß seine Verschwiegenheit vorübergehender Art ist. Nach Abschluß seiner Erkundigungen wird er auch darüber informieren. Es scheint, als ob er erst alle Fakten vollständig haben möchte, bevor er sie zur Diskussion stellt. Damit handelt er wohlüberlegt. Mutlose Menschen sind schwerer zu überzeugen als zufriedene. Diskussionen unter Leuten, die sich auf der Seite des Verlierers glauben, enden oft in Bitterkeit und Zerwürfnissen. Die Moral war unter den Juden in Jerusalem ziemlich gesunken. Es wäre unklug von Nehemia gewesen, wenn er den Mauerbau zur Sprache gebracht hätte, bevor er die Fakten zur Hand hatte. Er konnte es sich nicht leisten, Streitigkeiten und Zerwürfnisse aufkommen zu lassen. Es wäre peinlich gewesen, wenn jemand gesagt hätte: „Die Mauer wieder aufbauen? Du mußt verrückt sein. Schau sie dir einmal richtig an! Hast du dir schon Gedanken darüber gemacht, was man dazu alles braucht?“

Nehemia hat also genügend Gründe, seine Untersuchung bei Mondschein zu machen. – Der Mondschein wird in seinem Bericht nicht ausdrücklich erwähnt, aber ohne ihn hätte er nichts ausrichten können. Das Licht von Sternen reicht für die Besichtigung von Ruinen nicht aus. – Er untersucht die gesamte Mauer. Da, wo ihm Ruinen den Weg versperren, ändert er die Richtung, um seine Erkundigungen vollenden zu können. „Und ging hinüber zu dem Brummtor und zu des Königs Teich; und es war da nicht Raum meinem Tier, daß es unter mir hätte gehen können. Darum kehrte ich um und kam zum Taltor wieder heim.“ Das tut er alles, bevor er überhaupt jemandem in Jerusalem von seinem Vorhaben berichtet. Vielleicht hat er einige technische Details mit engsten Mitarbeitern geklärt. Ansonsten hat aber niemand etwas von seinem Plan erfahren.

Mutlosigkeit überwinden

Mutlosigkeit ist ein menschliches Problem. Nehemia beweist, daß er auch damit fertig werden kann. Durch seinen Dienst am Königshof hat er gelernt, mit Menschen umzugehen. Sein Umgang mit den Obersten in Jerusalem ist geschickt und klug und gereicht Gott zur Ehre. „Und ich sprach zu ihnen: Ihr seht das Unglück, darin wir sind, daß Jerusalem wüste liegt und seine Tore sind mit Feuer verbrannt. Kommt, laßt uns die Mauern Jerusalems bauen, daß wir nicht mehr länger eine Schmach seien! Und sagte ihnen an die Hand meines Gottes, die gut über mir war, dazu die Worte des Königs, die er zu mir geredet hatte" (2,17-18). Diese Worte sind ein wahres Meisterstück. Sie enthalten vier verschiedene Elemente: 1. Identifikation mit dem Volk, 2. Bewußtmachung der Lage Jerusalems und der damit verbundene Appell, die Mauern Jerusalems wieder aufzubauen, 3. Berufung auf Gott, 4. Berufung auf den König. Diese vier Elemente sollen im folgenden genauer betrachtet werden.

Als erstes fällt seine innere Haltung auf. So wie er sich in seinem Gebet mit seinem Volk identifizierte, tut er auch in seiner Rede kund, daß er einer von ihnen ist. Er spielt nicht die Rolle des Abgesandten aus Susa. Er sagt nicht: „Ihr armen Menschen, ich bin gekommen, um euch ein wenig unter die Arme zu greifen", sondern: „Ihr seht alle die schlechte Lage, in der wir uns befinden". Er signalisiert seine Bereitschaft, selbst Initiative zu ergreifen. Er sagt nicht: „Wenn ihr beabsichtigt, die Mauer zu bauen, will ich euch helfen", sondern: „Kommt, laßt uns die Mauer wieder aufbauen." Nehemia ist ein Führer, der vorangeht, nicht einer, der von hinten schiebt. Er identifiziert sich nicht nur mit dem Volk, er geht ihm voran und fordert es auf, ihm zu folgen.

Nehemia offenbart den Ernst der ganzen Angelegenheit. Es bringt nichts ein, Schwierigkeiten herunterzuspielen. Verantwortliche, die versäumen, ihren Mitarbeitern Gefahren und Probleme eines Vorhabens zu nennen, handeln nicht nur unklug, sondern auch unmoralisch. Mitarbeiter brauchen Informationen. Man darf dies nicht mit einem

„Nur-auf-die-Schwierigkeiten-Sehen“ verwechseln. Gemeinsam kann man eher Lösungen für Probleme finden. Ein Führer, der trotz bestehender Schwierigkeiten Initiative ergreift, wirkt am motiviertesten.

Ein Leiter, der umfassend informiert, gewinnt das Vertrauen seiner Mitarbeiter. Als Winston Churchill die Macht in einem nahezu bankrotten England übernahm, versprach er seinem Volk nichts anderes als „Blut, Mühe, Tränen und Schweiß“. Durch diese Information vereinigte er die Nation wie nie zuvor. Nehemia macht es wie Churchill, indem er das ganze Problem vor dem Volk ausbreitet. Er beschreibt nicht nur den Zustand der Mauer, sondern sagt gleichzeitig, wie verwundbar sie ohne sie sind. Er hat einen Sinn für Realitäten. Er kann Situationen genau beschreiben und Entwicklungen voraussehen.

Verantwortung tragen heißt, auf Menschen eingehen. Menschen folgen nicht Programmen, sondern Führerpersönlichkeiten, die sie inspirieren. Eine Hoffnung auf etwas Großes treibt Menschen mehr an als alles andere. Hoffnung ist etwas, das sich von einem Menschen auf einen anderen überträgt. Hoffnung geht von Leuten aus, die Offenbarungen Gottes an andere weitergeben. Hoffnung entsteht, wenn Leiter Initiative ergreifen. Wenn sie einen Auftrag Gottes und damit verbundene Schwierigkeiten in Angriff nehmen, kommen viele in Bewegung, weil sie sich ein Beispiel an wenigen oder an einem einzelnen nehmen. Dabei darf nicht vergessen werden, daß es im Grunde genommen Gott ist, der solche Bewegungen verursacht.

Die beiden zuletzt angeführten Elemente in Nehemias Rede möchte ich auf ein Ereignis unserer Zeit übertragen. Gott gab drei Männern in Winnipeg die Idee, die Geburt Christi mit den politischen und heilsgeschichtlichen Umständen darzustellen. Es sollte ein Zug aus einzelnen Wagen hergestellt werden, der sich von einem bestimmten Punkt in der Stadt zum Kongreßzentrum bewegen sollte.

Zwei andere Männer und ich wurden von diesen drei Leuten gebeten, mit ihnen zusammen ein Vorbereitungskomitee zu bilden. Die Idee mußte in die Realität umgesetzt werden. Dabei tauchten verschiedene Probleme auf. Wer würde die Wagen bauen? Woher sollten die notwendigen finanziellen Mittel genommen werden? Wo gab es freiwillige Mitarbeiter? Sollten wir die einzelnen Gemeinden der Stadt in unser Komitee miteinbeziehen? Ein solches Komitee würde durch eine Unzahl verschiedener Meinungen und Ansichten in der Arbeit bald steckenbleiben. Dabei würden Rivalität und Neid nicht ausbleiben. Wenn die Idee von Gott kam, mußten wir mit der Ausführung beginnen, auch wenn wir scheinbar keine Hilfe haben würden. Wir mußten darauf warten, daß Gott andere Christen für die Sache begeistern würde. Wir kamen zusammen, beteten und planten. Dabei stellten wir Leitlinien auf, die uns von Gott eingegeben wurden.

Wir wurden immer wieder überrascht, wie Gott uns Türen öffnete. Es wurde uns klar, daß die Idee von ihm kam. Die Medien begannen, sich mehr und mehr für unsere Sache zu interessieren, und so gaben wir Pressekonferenzen. Wir bekamen Werkstätten, wo wir die Wagen bauen konnten, sowie Anleitung für Mitarbeiter, die handwerklich unerfahren waren.

Die Idee begann nicht nur die Christen, sondern auch die Öffentlichkeit zu begeistern. Wir bekamen Anrufe von Kirchengemeinden der ganzen Stadt, die alle einen eigenen Wagen zugeteilt bekommen wollten. Wir informierten sie über unsere hohen Anforderungen und die Schwierigkeiten beim Bau eines Wagens. Wir wußten, daß Gott hinter dieser plötzlichen Begeisterung stand.

Unser Vorsitzender, Dave Loewen, war ein warmherziger, sympathischer Mann, der mit beiden Beinen auf der Erde stand. Er war bereit, Risiken einzugehen. Nichts entging ihm. Er ermutigte und begeisterte Menschen und erzählte ihnen von Gottes Führungen. Er wußte, was getan werden mußte, und vertraute dennoch auf die Führungen Gottes. Wie Nehemia gab auch Dave Zeugnis von dem Handeln Gottes.

Die niedergedrückte Bevölkerung von Jerusalem hörte mit Staunen, daß ein heidnischer König Nehemia Bauholz und Briefe gegeben hatte. Die Erfüllung ihrer geheimen Wünsche war in greifbare Nähe gerückt. In Nehemia hatten sie einen Führer, der mit den Problemen vertraut und entschlossen war, sofort mit dem Bau zu beginnen. Sein Gottvertrauen steckte an. Die Leute faßten Mut.

Dave kümmerte sich um die Probleme jedes Einzelnen. Leute, die besondere musikalische oder schauspielerische Begabungen hatten, wurden für diese Bereiche verantwortlich gemacht. Bald arbeiteten Hunderte von Leuten mit einer wunderbaren Einigkeit zusammen. Alle hatten das gleiche Ziel vor Augen. Die Gemeinschaft zwischen den Kirchen wuchs. Unterschiedliche Anschauungen wurden vorübergehend vergessen.

Es wäre eine Übertreibung, wenn man behaupten würde, daß am Tag des Zuges die ganze Stadt auf den Beinen war. Aber ein großer Teil der Einwohnerschaft nahm teil. Später, als die Kundgebung im Convention Center abgeschlossen wurde, mußten mehrere hundert Menschen abgewiesen werden, weil die Halle und selbst die Korridore hoffnungslos überfüllt waren. Alle warteten auf die Darbietungen der einzelnen Gruppen, auf den Gesang des Massenchores und das gemeinsame Singen. Der römisch-katholische Erzbischof meinte, er verstehe nun Jesus, als er sagte: „Es ist kein Platz, da des Menschen Sohn sein Haupt hinlege."

In der ganzen Geschichte gibt es immer wieder Beispiele, wie Gott einem Mann oder einer Frau eine Idee eingibt und sie so sehr für diese Idee begeistert, daß sie keine Mühen scheuen, um sie zu verwirklichen. Die Begeisterung dieser Menschen war immer wieder ansteckend. Nehemia hat Gottes Auftrag öffentlich bekannt gemacht. Die Juden reagieren einmütig: „Laßt uns anfangen und Jerusalem wieder bauen."

Zum Nachdenken:

1. *Wann kann Organisation das Wirken des Heiligen Geistes dämpfen? Warum ist Organisation dennoch notwendig und kein Widerspruch zum Wirken des Heiligen Geistes?*
2. *Wie hat Gott Nehemias Gedanken beeinflußt, als er monatelang betete? Was können wir heute daraus lernen?*
3. *Haben Sie irgendein Projekt, für das Nachforschungen über Voraussetzungen lohnend erscheinen?*
4. *Warum sind die vier Elemente der Rede Nehemias so wichtig, wenn Menschen motiviert werden sollen?*
5. *Welches dieser Elemente brauchen Sie am nötigsten, um ihre Gruppe zu motivieren?*

4. Der Verantwortliche und die Arbeit

Nehemia 3;4,4.15.17

Ein „Arbeitstier" ist nicht immer der beste Leiter. Gute Leiter sind in der Regel harte Arbeiter, jedoch ist Arbeit für sie nicht das Wichtigste. Sie können Arbeit delegieren. Arbeit ist ein Mittel, um ein Ziel zu erreichen. Dabei hängt der Wert der Arbeit nicht vom Ansehen der Menschen ab, die sie tun. Der Wert der Arbeit hängt von der Notwendigkeit ihres Zieles ab. Nehemia wollte Jerusalem wieder sicher machen. Dazu teilte er anderen Arbeit zu und beteiligte sich selbst an ihr.

Delegieren: Teile zu und nimm Verantwortung wahr

Um die Arbeit in Gang zu bringen, teilte er verschiedenen Leuten ihre Aufgaben zu. Es wäre interessant, die Gespräche der Juden zu belauschen, wer was tun solle. Welche Rolle wird Nehemia in ihren Gesprächen gespielt haben? Wir wissen es nicht. Zu Beginn des dritten Kapitels ist die Zuweisung von Arbeit und Verantwortung bereits erfolgt. „Und Eljasib, der Hohepriester, machte sich auf mit seinen Brüdern, den Priestern, und sie bauten das Schaftor. ... Neben ihm bauten die Männer von Jericho. Und daneben baute Sakkur, der Sohn Imris. Aber das Fischtor bauten die Kinder von Senaa. ... Neben ihnen baute Meremoth, der Sohn Urias, des Sohnes des Hakkoz" (3,1-4). Diese Aufzählung geht bis Vers 28. Insgesamt waren 39 Gruppen an der Arbeit beteiligt. Die Einteilung dieser Gruppen war wohl ebenso aufwendig wie die Arbeit selbst.

Es ist anzunehmen, daß dabei schwierige Probleme gelöst werden mußten. Es ist zum Beispiel unwahrscheinlich, daß die Arbeiten am

Misttor (3,14), am Brunnentor und an der „Mauer beim Teich Siloah bei dem Garten des Königs“ gleichermaßen beliebt waren. Trotzdem wurden Arbeiter für alle drei Stellen, wie auch für alle anderen Bereiche, gefunden. Jeder Abschnitt der Mauer konnte wiederaufgebaut werden.

Die Arbeiter kamen aus allen Gesellschaftsschichten. Es gab Priester (zusammen mit dem Hohenpriester), Leviten, Tempeldiener, Goldschmiede, Kaufleute, Beamte, Privatleute, Herren, Diener, Männer und Frauen. Einige arbeiteten als Familien. Andere arbeiteten an Stellen, die nahe bei ihrer Wohnung waren. Andere wiederum, die ein öffentliches Amt bekleideten, machten die Arbeit zu einem Teil ihrer öffentlichen Aufgaben. Es gab auch einige Vornehme, die sich nicht an der Arbeit beteiligten. Alle jedoch, die arbeiteten, kannten die Wichtigkeit ihrer Aufgabe und übernahmen die Verantwortung für die richtige Ausführung ihrer Arbeiten.

Dies alles kam nicht zufällig zustande. Leute, die Verantwortung tragen, müssen Aufgaben zuweisen und dafür sorgen, daß sie richtig ausgeführt werden. Kein Leiter kann für alles verantwortlich sein. Er muß Verantwortung auf andere übertragen können. Für einen guten Leiter ist das eine der wichtigsten Voraussetzungen, wichtiger noch als seine Fähigkeiten und Fertigkeiten.

Die Motive eines Leiters dürfen nicht falsch sein. Ein häufiger Fehler von Leitern ist, daß sie nicht Aufgaben delegieren können, entweder, weil sie zu machtbesessen sind, oder weil sie anderen nicht vertrauen können. Die Folge davon ist, daß wichtige Aufgaben nicht ausgeführt werden. Leute, die die Fähigkeiten zu solchen Aufgaben hätten, fühlen sich nutzlos und werden der Sache überdrüssig. Wenn Sie ein Leiter sind, machen Sie es wie Nehemia und delegieren Sie. Machen Sie nicht alles selber. Es kann aber auch sein, daß ein Leiter Aufgaben nur delegiert, weil sie ihm selbst zu unangenehm sind. Mitarbeiter merken dies bald und reagieren mit Verärgerung. Leiter sollten bereit sein, Aufgaben, die sie anderen übertragen, auch selbst zu übernehmen. In jedem Fall sollten sie bereit sein, da, wo sie Aufgaben übertragen haben, mitzuhelfen. Gute Leiter wissen immer, wo ihre Mitarbeiter Hilfe brauchen. Eigene Macht, eigene Ehre und eigene Bequemlichkeit sind niemals Maßstäbe für einen guten Leiter. Er ist immer an dem interessiert, was seine Mitarbeiter tun und brauchen. Nehemia war ein Leiter, der diese Voraussetzungen erfüllte.

Beim Lesen des dritten Kapitels seines Buches gewinnt man den Eindruck, daß die Arbeit mit Enthusiasmus und in Einigkeit vorangetrieben wurde. Es wird nicht ausdrücklich erwähnt, daß Einigkeit unter den Menschen herrschte, aber es steht dort, „Und das Volk gewann ein Herz zu arbeiten“ (3,38). Die Tatsache, daß so viele Leute ohne Zwang hart und erfolgreich arbeiten, mag ein Indiz für ihre Einigkeit sein. Nehemia konnte sie für die Sache begeistern und brauchte deshalb keinen Druck auszuüben. Er scheute keine Schmutzarbeit und war deshalb Vorbild für das Volk.

Der Leiter als Mitarbeiter

Ein guter Leiter weiß den Wert seiner Mitarbeiter zu schätzen und erkennt ihren Anteil am gesamten Werk an. Nehemias Arbeit am Königshof war nicht mit großen körperlichen Belastungen verbunden. Wir wissen zwar nichts über seinen Körperbau, können aber doch sagen, daß er nicht gewohnt war, schwere Steine zu heben. Andere konnten das vermutlich besser als er. Ein kräftiger Arbeiter kann beeindruckt sein, wenn er sieht, daß sein Chef kräftiger ist als er. Genauso ist ein Steinmetz beeindruckt, wenn er merkt, daß sein Vorgesetzter ein besserer Steinmetz ist. Überlegenheit ist jedoch kein Kennzeichen eines guten Leiters. Dagegen muß er die Fähigkeiten seiner Mitarbeiter zu würdigen wissen. Er muß darüberhinaus bereit sein, selbst mit Hand anzulegen.

Nehemia ist nicht der Leiter, der Mühen aus dem Wege geht. Leiter zu sein ist für ihn kein Privileg, das ihn von der gewöhnlichen Arbeit ausnimmt, um sich „wichtigeren“ Aufgaben widmen zu können. In seiner ersten Rede an die Juden Jerusalems sagt er: „So laßt uns auf sein und bauen!“ (2,18). Das Wort *uns* ist hier nicht nur Floskel. In Kapitel vier können wir nachlesen, daß er selbst an körperlicher Arbeit teilgenommen hat. „So arbeiteten wir am Werk... von dem Aufgang der Morgenröte, bis die Sterne hervorkamen“ (4,15). „Aber ich und meine Brüder und meine Leute und die Männer an der Hut hinter mir, wir zogen unsere Kleider nicht aus; ein jeglicher ließ das Baden anstehen“ (4,17). Nehemia arbeitet hart, Schulter an Schulter mit seinen Mitarbeitern. Man stelle sich vor, wie er dabei aussah, sein vom Sand verklebter Bart, seine Augen, die vom Staub rot geworden sind, und sein Schweiß, der ihm die Backen hinunterrinnt.

Begabungen könne mühevolle Arbeit nicht ersetzen. Nehemias Organisationstalent, seine Fähigkeit, in schwierigen Situationen die Ruhe zu bewahren, seine Gebete, alles wäre vergeblich gewesen, hätte er nicht gearbeitet. Gebet kann viel bewirken. Zu dem Gebet gehört aber die Arbeit, ohne die kein Vorhaben ausgeführt werden kann.

Manche Gläubige meinen, daß Arbeit ungeistlich sei, weil sie im Widerspruch zum Bitten um Gottes Hilfe stehe. Diese Ansicht ist nicht ganz falsch, denn Aktivitäten allein garantieren noch kein geistliches Leben. Ein Beweis dafür sind die vielen fruchtlosen Unternehmungen in der Gemeinde Jesu. Es gibt viele ziellose Sitzungen, die nur den Nutzen haben, daß unter den Heiligen keine Langeweile aufkommt. Aktivitäten sind nicht immer Arbeit. Arbeit heißt: Aktiv sein im Herrn. Aktiv sein im Herrn kann sehr mühselig sein.

Nehemia war nicht arbeitsscheu. Eines unserer Probleme ist, daß wir Angst vor der Arbeit haben. Wir befürchten, daß wir für Gott zu viel von unserer wertvollen Kraft verbrauchen könnten und dadurch Schaden erleiden würden. Es ist zwar richtig, auf seine Gesundheit bedacht zu sein, aber das Argument, daß man seine Gesundheit schonen müsse, kann sehr schnell zur faulen Ausrede werden. Die Gesundheit soll uns dienen und nicht umgekehrt. Lasse nicht von der Arbeit, um deine Gesundheit zu erhalten. Erhalte deine Gesundheit, um arbeiten zu können.

Nehemia war mit Begeisterung bei seiner mühseligen Arbeit. Je mehr Schwierigkeiten kamen, desto größer wurde seine Energie. Er und seine Arbeiter fielen abends erschöpft in einen Schlaf, ohne Kleider und Waffen abzulegen.

Niemals ist etwas für Gott ohne Arbeit getan worden. Wer nicht Mühen auf sich nehmen will, kann nicht von Gott gebraucht werden. Es ist zwar richtig, daß große Missionare und Evangelisten allein durch Gottes Kraft gewirkt haben. Sie setzten aber die ihnen von Gott verliehene Kraft ein. Superkraftstoff soll ein Auto auf der Straße antreiben und nicht in der Garage halten.

Paulus sagt von sich, daß er „viel mehr denn sie alle" gearbeitet hat (1. Kor. 15,10). John Wesley hielt oft an einem Tag mehrere Predigten an verschiedenen Orten. Er reiste zu Pferde, in einer Kutsche oder zu Fuß. Jesus animierte seine Jünger zur Arbeit, indem er darauf hinwies, daß „die Nacht kommt, da niemand wirken kann" (Joh. 9,4). Er war einmal so erschöpft, daß selbst ein Sturm auf dem See Genezareth ihn nicht wecken konnte. In peitschendem Regen lag er zusammengesunken auf einem Kissen im Heck des Bootes. Nur wer bis an die Grenzen seiner Belastungsfähigkeit gearbeitet hat, kann so tief schlafen.

Für Nehemia war die Arbeit wichtiger als sein persönliches Wohlbefinden. Dennoch behielt Gott die erste Stelle in seinem Leben, denn er arbeitete für Gott und in Gott. Das gab ihm Durchhaltevermögen, selbst dann, wenn andere aufgeben wollten.

Wenn man etwas erreichen will, dann gibt es keinen anderen Weg als die Arbeit. Darüberhinaus ist sie die einzige Möglichkeit, um Einigkeit unter Mitarbeitern aufrechtzuerhalten. „Siehst du einen Mann behend in seinem Geschäft, der wird vor Königen stehen und wird nicht stehen vor Unedlen" (Spr. 22,29). Große Männer und Frauen hatten alle eines gemeinsam: Sie waren sehr fleißig. Manche Christen können nicht das richtige Verhältnis zwischen Gebet und Arbeit finden. Es wird oft behauptet, daß christliche Leiter mehr Bibel lesen und beten sollten, als zu arbeiten. Das kann für manchen richtig sein. Dennoch ist die Formulierung irreführend. Man könnte nämlich glauben, Bibellesen und Beten seien eine Erholung; ein Verantwortlicher in der Gemeinde, der nicht mit Fleiß und Mühe seine Bibel studiert und mit Ernst und Inbrunst betet, wird im Reich Gottes nicht viel ausrichten.

Nehemias Arbeit bestand zum Teil aus Verwaltungsangelegenheiten. Er organisierte sorgfältig und war dabei peinlich genau. Ein anderer Teil seiner Arbeit war der Beaufsichtigung der einzelnen Baugruppen gewidmet. Er mußte dafür sorgen, daß die Arbeit an jedem Teil der Mauer voranging und daß Schwierigkeiten, die in einem Bereich auftraten, nicht den gesamten Arbeitsprozeß verzögerten. Gebet, Verwaltung, Beaufsichtigung und körperliche Arbeit, das war das Arbeitspensum des Leiters Nehemia.

„Normale" Überarbeitung

Man kann auch den Wert der Arbeit überbetonen. Arbeit ist niemals Ursache von Nervenzusammenbrüchen. Man kann so hart und lange arbeiten wie man will, ohne dabei Schaden zu nehmen, vorausgesetzt, man ist gesund. Dies gilt besonders dann, wenn die Arbeit für den Herrn ist.

Arbeit selbst schadet nicht. Das, was uns am meisten zu schaffen macht, sind ungelöste Spannungen. Solche Spannungen entstehen zum Beispiel, wenn wir meinen, Brüder oder Schwestern übertreffen zu müssen. Wir versuchen dann, „mehr“ für den Herrn zu tun, „mehr“ geistliches Leben zu verwirklichen, „mehr“ zu zeigen, daß unser Glaube vorbildlich ist.

Manchmal arbeiten wir mehr als nötig, weil wir Angst haben, zuwenig zu tun. Diese Angst wird dann Motor unserer Arbeit. „Arbeitstiere“ sind hektische Leute. Sie vertrauen auf ihre Arbeit, weil sie kein Vertrauen auf Gott haben. Sie wollen zwar nicht durch Werke gerecht werden, aber sie wollen durch ihre Arbeit ihr Gewissen beruhigen. Die Folge ist, daß sie zuviel arbeiten und Sklaven ihres Ichs werden. Solche Menschen haben oft eine starke Abneigung gegen Ruhe. Ihre Gesichter sehen manchmal verbissen aus. Freizeitaktivitäten sind für sie nichts anderes als verlorene Zeit. Die Bibel heißt ein solches Getriebensein nicht gut. „Es ist umsonst, daß ihr früh aufsteht und hernach lange sitzet und esset euer Brot mit Sorgen; denn seinen Freunden gibt er's schlafend“ (Ps. 127,2). Wie Salomo, der diese Worte schrieb, wußte auch Nehemia, daß Arbeit vergeblich ist, wenn sie nicht im Herrn geschieht. Nehemia arbeitete hart, wenn es erforderlich war, denn er wußte, daß „die Hand Gottes über ihm war“ (2,8+18). Er war von keinem neurotischen Zwang getrieben, „etwas schaffen zu müssen“.

Felsbrocken und Schutt

Verantwortliche müssen die Fähigkeit haben, Schwierigkeiten zu sehen und zu beheben. Man schiebt Probleme gern auf die lange Bank, um sie so eventuell loszuwerden. Diese Einstellung kann aber bedeuten, daß Arbeit zum Erliegen kommt, weil Hindernisse nicht aus dem Weg geräumt werden.

Ein solches Hindernis war in Jerusalem der Bauschutt vor der Stadtmauer. Bauschutt liegt im Wege. Jedoch mag ihn kaum jemand wegräumen. In Spanien beobachtete ich einmal den Bau von Hotels. Jeden Abend warfen die Arbeiter den Schutt aus den Fenstern und von den Balkons. Der Schutthaufen wuchs Tag für Tag und wurde nicht nur zu einem Hindernis, sondern auch zu einer Gefahr für die Arbeiter. Sie mußten ständig über Schuttberge klettern, so daß an einigen Stellen bereits kleine Pfade entstanden waren. Die Eingänge und die Fenster des Erdgeschosses waren bald zugeschüttet. Keinem fiel es ein, diese Schuttberge fortzuschaffen.

Schutt beseitigen erfordert keine besonderen Begabungen. Das ist auch ein Grund, warum man sich mit dieser Arbeit kein besonderes Ansehen verschaffen kann. Deshalb ist es kaum verwunderlich, daß sich fast niemand für diese Arbeit begeistern läßt. Schutt kann leicht beseitigt werden. Wenn man dies auf die lange Bank schiebt, entsteht ein Hindernis, das die ganze Arbeit zum Erliegen bringen kann.

Beim Bauen entsteht Schutt. In Jerusalem gab es Schutt, bevor überhaupt mit dem Bauen begonnen wurde. Dieser Schutt wurde zu einem dringenden Problem. „Und Juda sprach: Die Kraft der Träger ist zu schwach, und des Schuttes ist zu viel; wir können an der Mauer nicht bauen" (4,4). Wenn Nehemia dieses Problem nicht gelöst hätte, wäre die Mauer nie fertig geworden. Nehemia geht den Schwierigkeiten nicht aus dem Wege. Er arbeitet mit seinen Leuten, um Hindernisse zu beseitigen.

Die „Schutthaufen", welche unsere Arbeit behindern, können unterschiedlich aussehen. Welche Hindernisse beeinträchtigen unsere Arbeit? Sind wir manchmal faul trotz guter Vorsätze? Vielleicht ist es unser Stolz. Vielleicht sind wir auch durch die Gleichgültigkeit unserer Mitarbeiter entmutigt. Vielleicht befürchten wir insgeheim, daß uns zuviel Arbeit schaden könnte. Möglicherweise ist Kleinglaube das Problem; es kann dazu führen, daß wir übertrieben viel arbeiten, weil wir nicht mehr mit Gottes Wirken rechnen. Unglaube kann sich aber auch lähmend auswirken. Zweifel führt zu Mutlosigkeit.

Mein kleiner Sohn konnte nur dann gut arbeiten, wenn sein Vater mit ihm arbeitete. Aufgaben, die er vermeintlich nicht lösen konnte, wurden für ihn plötzlich überschaubar. Eine kleine Aufmunterung konnte ihm wieder Freude an der Arbeit geben. Sind Sie sich der Gegenwart Gottes bei Ihrer Arbeit bewußt?

Vielleicht hat sich Langeweile bei uns breitgemacht. Sie kann ihre Ursache im Unglauben haben, oder in etwas, was dem Unglauben sehr nahe kommt – *fehlendes geistliches Sehvermögen*. Vielleicht haben wir kein klares Ziel. Dann sollten wir für unsere Arbeit beten, zum Beispiel für ein Ziel für die nächste Zeit. Wenn wir ein solches Ziel haben, dann sollten wir danach streben, es zu erreichen.

Vielleicht mögen wir die Arbeit nicht, die uns aufgetragen ist. Vielleicht fühlen wir uns ihr nicht gewachsen. Vielleicht würden wir eine andere Arbeit mit Begeisterung tun, während uns unsere eigene zu unattraktiv erscheint. Wenn dies der Fall ist, dann soll man den Vers aus Prediger 9,10 beachten: „Alles, was dir vor Händen kommt zu tun, das tue frisch." Wir werden überrascht von der Freude sein, die wir nach einer erfolgreich abgeschlossenen Aufgabe empfinden. Laßt uns unsere tägliche Arbeit so gut wie möglich ausführen; wir werden erstaunt sein, welche Geschicklichkeit wir für unsere Aufgabe dabei erwerben. Nichts führt schneller zu Langeweile, als lustloses Arbeiten.

Vielleicht behindert „Schutt" unsere Arbeit. Vielleicht bäckt jemand gern Kuchen und wäscht nicht gern die benutzten Bleche ab. Unsaubere „Bleche" behindern vielleicht die „geistliche Küche" Ihres Lebens. In diesem Falle sollten Sie umgehend die „Schmutzarbeit" erledigen, um weiterzukommen.

Nehemia wich Schwierigkeiten und unangenehmen Arbeiten nicht aus. Er fing immer mit dem Notwendigsten an. So ging er zuerst daran, den Bauschutt zu beseitigen. Er hatte ein Ziel vor Augen und wußte, daß Gott mit ihm war. Durch sein Vorbild begeistert, arbeiteten Hunderte Menschen mit ihm. Durch eine übermenschliche Anstrengung schafften sie das Unmögliche. Sie bauten die Mauer in 52 Tagen wieder auf, ohne die heutigen technischen Hilfsmittel, von Rückschlägen begleitet, von Feinden belästigt.

Für einzelne oder Gruppen:

1. *Warum muß ein Verantwortlicher Arbeit delegieren können?*
2. *Warum wird selten Arbeit wirkungsvoll delegiert?*
3. *Warum sollte ein Leiter Arbeit nicht nur organisieren, sondern aktiv an ihr teilnehmen?*
4. *„Was uns am meisten zu schaffen machet, sind Spannungen, die wir nicht auflösen können" (S. 48). Was ist der Grund für das Getriebensein von „Arbeitstieren"? Was könnte ihnen helfen, sich von ihrem Zwang zur Arbeit zu lösen?*
5. *„Bauschutt" kann unterschiedliche Formen annehmen: Auf-die-lange-Bank-schieben, Entmutigung, Angst, Langeweile oder einfach Abneigung gegen eine bestimmte Arbeit. Welcher „Schutthaufen" hindert Sie an der Arbeit, die Gott Ihnen aufgetragen hat?*

5. Der Verantwortliche und seine Gegner

Nehemia 3,33-4,17

Die härteste Bewährungsprobe eines Leiters findet häufig im Umgang mit seinen Gegnern statt. Opposition hat schon manchen Verantwortlichen in der Gemeinde Jesu an seinem Auftrag verzweifeln lassen, so daß er von seinem Dienst zurückgetreten ist. Es kann auch sein, daß er eine Mauer um sich herum gebaut hat, um so aus einer gesicherten Position heraus seine Feinde zu bekämpfen. Solche Leiter sind in der Regel streitsüchtig, verbittert und rachsüchtig. Man kann nichts von dem bei Nehemia finden. Sein unglaubliches Führertalent wird am stärksten daran sichtbar, wie er mit seinen Gegnern umgeht. Wie wir wissen, waren seine Gegner schon auf dem Plan, bevor er Jerusalem überhaupt erreichte. Bis zum Ende seines großen Werkes hatte er es mit Opposition zu tun. Selbst am Schluß seines Berichtes lesen wir noch von seinen Maßnahmen gegen gottlose Gegner.

Opposition kam aus verschiedenen Richtungen. Sanballat, Landpfleger von Samaria, vertrat die Leute, die nach Wiederbesiedlungsmaßnahmen im nördlichen Jerusalem wohnten. Dazu kamen die alten Feinde Israels: Araber, Ammoniter und Asdotiter. Einige Juden hatten sich entweder mit ihnen verschwägert oder pflegten geschäftliche Beziehungen zu ihnen. Ihre Interessen lagen daher auf der Seite der Feinde Nehemias.

Die ersten Anzeichen von Feindschaft gegen Nehemia werden im zweiten Kapitel erwähnt. Gott gab ihm die Weisheit, den König um Briefe zu bitten. Ohne diese Briefe hätte er Jerusalem nie erreicht. Angesichts der Briefe und des bewaffneten Geleitschutzes hatten die Landpfleger keine andere Wahl, als ihn passieren zu lassen. Sie mußten die Befehle des Königs befolgen und taten es widerwillig.

Dennoch gab es einige Landpfleger, die die Befehle nicht befolgten. Einer von ihnen war Sanballat, der Landpfleger von Samaria. Er konnte seine Feindschaft kaum verbergen. „Und da ich kam zu den Landpflegern jenseits des Wassers, gab ich ihnen des Königs Briefe. Und der König sandte mit mir Hauptleute und Reiter. Da das aber hörten Sanballat, der Horoniter, und Tobia, der ammonitische Knecht, verdroß es sie sehr, daß ein Mensch gekommen wäre, der Gutes suchte für die Kinder Israel" (2,9-10). Sanballats Mißfallen lag wohl daran, daß die Wiederherstellung der Verteidigungsfähigkeit Jerusalems seine Pläne bedrohte. Er hatte wahrscheinlich Verbündete unter den Juden, die mehr für ihn arbeiteten, als für Jerusalem.

Als Sanballat von Tobia und Geshem hört, wie begeistert die Juden Nehemias Idee aufgenommen haben, entschließt er sich, nach Jerusalem zu gehen, um der Sache nachzugehen. Nehemia hat eine unangenehme Begegnung mit diesen Dreien. „Da aber das Sanballat, der Horoniter, und Tobia, der ammonitische Knecht, und Geshem, der Araber, hörten, spotteten sie unser und verachteten uns und sprachen: Was ist das, das ihr tut? Wollt ihr von dem König abfallen?" (2,19). Sie geben überhaupt nichts auf Höflichkeit. Sie überfallen Nehemia sofort mit einer verleumderischen Anschuldigung.

Es gibt Menschen, die andere einer Sache beschuldigen, die sie im Grunde genommen selbst zu tun beabsichtigen. Genau das macht auch Sanballat. Er beschuldigt Nehemia der Rebellion, obwohl er und seine Anhänger wissen, daß dieser kaum Erfolg dabei haben würde.

Wenn Widerstand gegen gottgewollte Arbeit auftritt, dann stehen nicht nur Menschen dahinter. Solcher Widerstand wird von dunklen Mächten gesteuert. Es sind Mächte, die Gott hassen. Man darf daraus aber nicht schließen, daß jeder Widerstand satanischen Ursprungs ist. Genauso falsch ist es, Widerstand als Beweis anzusehen, daß wir den Willen Gottes tun. Wir Christen stoßen oft deshalb auf Widerstand, weil wir fleischlich und unklug sind.

Der Widerstand, auf den Nehemia stößt, ist jedoch satanischen Ursprungs. Nehemia reagiert in angemessener Weise: „Der Gott des Himmels wird es uns gelingen lassen" (2,20). Er setzt seine Hoffnung auf Gott, von dem er gesandt ist. Deshalb kann er sagen: „Dieses Gebiet gehört euch nicht, sondern dem Gott des Himmels und der Erde. Wir brauchen weder eure Kritik noch eure Hilfe. Macht, daß ihr fortkommt." Die Fronten haben sich gebildet. Es ist nur noch eine Frage der Zeit, bis es zur offenen Auseinandersetzung kommt.

Bedrohung durch Spott

In den zwei Monaten des Mauerbaus hatten die Israeliten ständig mit böswilligen Angriffen zu tun. Der Erste bestand aus Spott und offener Verhöhnung (3,33-35). Dann kamen Gerüchte auf, daß bewaffnete Verbände sich zu einem Angriff zusammengeschlossen hätten (4,1-4). Darauf wurde Nehemia zu Verhandlungen eingeladen; dies war nur ein Vorwand, um ihn zu töten. Je mehr der Mauerbau voranschritt, desto häßlicher wurden die Angriffe. Es kam ein offener Brief, der gefährliche verleumderische Anklagen gegen Nehemia enthielt (6,5-7). Dann wurde eine Verleumdungskampagne gestartet, die gleichzeitig Nehemias Ruf zerstören – und die Öffentlichkeit einschüchtern sollte (6,10-13).

Diese Attacken sind – mit Ausnahme des geplanten bewaffneten Angriffs – Beispiele für geschickte psychologische Kriegsführung. Ziel war es, die Arbeiter langsam aber sicher zu entmutigen und zu ängstigen. „Ich stand auf und sagte… Fürchtet euch nicht vor ihnen… Sie versuchen, uns zu erschrecken… Darum ließ er (sc. Schemaja) sich bestechen und wollte, daß ich mich fürchten sollte" (4,8; 6,9+13). Furcht wurde mit nur einem Ziel ausgestreut: Der Bau der Mauer sollte gestoppt werden. Nehemia unternimmt alles, um die Mauer unter allen Umständen zu vollenden.

Psychologische Kriegsführung, die früher mehr der Eingebung folgte, ist heute durch wissenschaftliche Methoden vervollkommnet worden. Sie ist keine Erfindung unserer Zeit, sondern so alt wie die Menschheit. Vielleicht ist es zutreffender, wenn man sagt: „Sie ist so alt wie die Bosheit der Menschen."

Psychologische Kriegsführung ist nämlich satanischen Ursprungs. Satan und seine Heerscharen haben sich vornehmlich zur Aufgabe gemacht, die Menschen zu entmutigen und zu ängstigen. Dabei suchen sie sich besonders Menschen aus, die Gott dienen. Sie streuen Furcht in die Herzen dieser Menschen, damit diese den Blick für das Ziel verlieren. Der Gegenspieler bedient sich dabei meist anderer Menschen, die ihren Spott und ihre Verleumdungen gegen die Gemeinde richten.

Überall, wo wir für Gott arbeiten, müssen wir damit rechnen, in Frage gestellt und lächerlich gemacht zu werden. Wir müssen uns immer fragen, woher diese Angriffe kommen. Sind sie von Gott (auch das ist möglich) oder haben sie satanischen Ursprung?

Gott verspottet nur diejenigen, die glauben, ihm widerstehen zu können. Seine Diener verspottet er nie, er weist sie höchstens zurecht. Der Feind weiß, wo sie verwundbar sind, und nutzt dies rücksichtslos aus. Er schleudert wilde Anklagen gegen schuldbewußte Christen und schießt Pfeile der Angst auf die Furchtsamen. Sein Ziel ist immer gleich – er möchte die Arbeit, welche wir für den Herrn tun, stoppen. Unser Ziel muß genau entgegengesetzt sein – den Arbeitsprozeß in Gang zu halten.

Unter Spott leiden

Motive für Sanballats Spott waren seine Wut und seine Furcht. „Da aber Sanballat hörte, daß wir die Mauer bauten, ward er zornig und sehr entrüstet" (3,33). Satan, der große Marionettenspieler, bringt einen Menschen gegen den anderen auf und lacht sich dabei ins Fäustchen. Sanballat kommt mit seinen Truppen und einigen samaritanischen Würdenträgern und verkündet lautstark seine Ansichten. „... und spottete der Juden" (3,33).

Das Auftreten Sanballats und seiner Leute war vermutlich eindrucksvoll. Die äußere Erscheinung ist ein wichtiger Faktor, wenn man andere einschüchtern will. Tiere haben ganz bestimmte Gebärden, wenn sie ihre Feinde abschrecken wollen. In Nordaustralien bat mich meine Frau einmal, eine blauzüngige Eidechse, die an unsere Schlafzimmertür gekommen war, zu vertreiben. Als ich das Tier mit meinem Fuß wegschieben wollte, krümmte es die Schultern, hob den Hals und kam mit bedrohlichem Zischen auf meinen Fuß zu. Meine Frau sagte unwillkürlich, „John, paß auf". Wenn ich nicht gewußt hätte, daß das Tier harmlos ist, hätte ich verwirrt meinen Fuß zurückgezogen. Wenn man sich wild gebärdet, kann man Angst einflößen. Sanballat demonstrierte Stärke, um die Juden einzuschüchtern.

Seine Worte machen mehr Eindruck, als die Truppen und Würdenträger in seiner Begleitung. Er stellt vier Fragen, von denen jede wie ein giftiger Pfeil ist, der Spaltung unter die Juden bringen soll. Die erste Frage lautet: „Was machen diese ohnmächtigen Juden“ (3,34)? Das Gift dieses ersten Pfeiles liegt in den Worten „ohnmächtige Juden“. Die Juden werden sich ihres erniedrigten, armseligen Zustandes bewußt, in dem sie ja tatsächlich sind.

Manchmal braucht man nur auf Wahrheiten hinzuweisen, um andere zu verletzen. Nenne ein übergewichtiges Mädchen „Dicke“. Nenne einen behinderten Mann „Krüppel“. Worte können mehr verwunden als Schläge und Tritte. Sanballat wußte, daß die Juden vor seinen Worten zurückweichen würden, weil sie selbst wußten, wie schwach und armselig sie waren.

Sein zweiter verbaler Pfeil folgt unmittelbar: „Werden sie diesen Tag vollenden“ (3,34)? Mit anderen Worten: „Wissen sie überhaupt, was sie sich da vorgenommen haben?“ Wenn ich Zweifel habe, ob das, was ich tue, richtig ist, dann kann ich am wenigsten ertragen, wenn diese Zweifel auch von anderen geäußert werden. Man hörte ohnehin schon in Jerusalem an allen Ecken und Enden von den großen Schutthaufen und von den verbrauchten Kräften der Arbeiter (4,10). Sanballats Worte kamen zum richtigen Zeitpunkt, um die wunden Punkte zu treffen.

„Werden sie opfern“ (3,34)? Der Sinn dieser spöttisch hervorgebrachten dritten Frage wird nicht unmittelbar klar. Sanballat macht sich hier über das Vertrauen der Juden lustig. Er hätte auch sagen können: „Die meinen wohl, daß ihr Gebet Mauern wachsen läßt.“ Vielleicht waren die Juden empfindlich, wenn es um den Glauben ihrer Väter ging. Vielleicht schämten sie sich auch ihres Gottvertrauens. Gott hatte es zugelassen, daß sie in eine so schlechte Lage gekommen waren. Vielleicht waren sie sich selbst nicht sicher, ob ihre Opfer überhaupt etwas nützten.

Solche Gedanken kommen uns auch gelegentlich. Wird mein Gebet überhaupt etwas nützen? Wenn man sich erst einmal dessen bewußt wird, wie absurd es ist, an einen unsichtbaren Gott zu glauben, dann ist man auch für Spott verwundbar. Diese Verwundbarkeit kann uns unfähig für unsere Aufgaben machen.

„Werden sie die Steine lebendig machen aus den Schutthaufen, die doch verbrannt sind“ (3,34)? Mit dieser vierten Frage wird auf die Tatsache hingewiesen, daß extreme Hitze Steine brüchig machen kann, so daß sie ihre natürliche Festigkeit verlieren. Sanballat ging davon aus, daß dies für die Steine in Jerusalem zutraf. Für ihn waren die Steine unbrauchbar. Darin irrte er sich jedoch. Sie waren nicht verbrannt und gaben immer noch gutes Baumaterial ab. Trotzdem, man kann Leute auch damit entmutigen, daß man zwischen Wahrheiten gezielt Lügen streut.

Wenn wir Gott dienen, kommt es immer wieder vor, daß Spötteleien uns wie giftige Pfeile treffen. Wahre Anschuldigungen vermischt mit Lügen, versteckte Anspielungen, böswilliges Geschwätz mit indirekten Drohungen, das alles gehört zu den täglichen Erfahrungen des christlichen Leiters. Boshaftigkeit hat ihren Ursprung in Angst um das eigene Ich. Solche Angst ist in der Regel eine Reaktion auf Erfolge eines anderen. Es ist daher ganz normal, daß einem Leiter seine Fehler vorgehalten werden, man sich über ihn lustig macht und seine Erfolge herabmindert. Wenn Sie so etwas erfahren müssen, kann es dazu dienen, Ihnen Ihre Grenzen aufzuzeigen; lassen Sie sich dadurch nicht entmutigen. Machen Sie sich bewußt, daß solche Verachtung ihren Ursprung in Satan hat. Er freut sich, wenn Christen mutlos und unwirksam sind; deshalb weist er Sie ständig auf Ihre Fehler hin.

Mir geht es selbst oft so, daß ich Angst habe, weil ich mir meiner Unfähigkeit bewußt werde. Immer wenn ich auf den Feind hörte, kam meine Arbeit für das Reich Gottes zum Erliegen. Wenn ich ihm jedoch meine Aufmerksamkeit verweigerte und trotz Schwachheit gehorsam war, staunte ich, was Gott mit meiner Schwachheit anfangen konnte.

Ein zorniges Gebet

Nehemias Reaktion auf Sanballats Anwürfe sind gut und schlecht zugleich. Gut ist, daß er sich sofort mit einem Gebet an Gott wendet. Jedoch scheint das, was er in seinem Gebet bittet, unerhört: „Decke ihre Missetat nicht zu, und ihre Sünde vertilge nicht vor dir" (3,36-37).

Unsere Gebete sind dagegen zahm und verletzen keine allgemeinen Traditionen. Was würden wir zu einem Gebet sagen, in dem die Verdammung unserer Feinde gefordert würde? Man darf natürlich nicht vergessen, daß Verantwortliche im Auftrag Gottes gelegentlich verärgert und aufgebracht sind. Wenn wir unsere Feinde am liebsten zur Hölle wünschen, dann ist Gottes Gegenwart noch der beste Platz für solche Gefühle. Wenn es auch nicht gut ist, jemandem Verdammnis zu wünschen, so ist es trotzdem besser, solche Gefühle vor Gott auszubreiten, als sie in sich „hineinzufressen“ und nach außen hin fromm zu erscheinen. Man sollte diese Gefühle lieber Gott nennen, daß er korrigierend eingreifen kann, als mit falscher Frömmigkeit zu ihm zu beten.

Für Nehemia und seine Leute war die Arbeit bester „Blitzableiter“ ihres Ärgers. „Aber wir bauten die Mauer und fügten sie ganz aneinander bis an die halbe Höhe. Und das Volk gewann ein Herz zu arbeiten.“

Zorn kann zur Energiequelle werden. Er kann Kreativität freilegen, Ehrgeiz anstacheln und Entschlossenheit wachrufen. Sanballats Spott und Hohn bewirken eine Beschleunigung des Baus. Die Empörung gab den Arbeitern neue Kraft, so daß die Mauer unter ihren Händen zusehends wuchs.

Bedrohung durch einen Krieg

Bald danach erreichen Nehemia Informationen, daß seine Leute in Gefahr seien. Als Sanballat merkte, daß der Mauerbau zusehends voranschritt, rief er die Führer der Ammoniter, Asdotiter und Araber zusammen, um einen bewaffneten Überfall zu planen. „... und machten allesamt einen Bund zuhaufen, daß sie kämen und stritten wider Jerusalem und richteten darin Verwirrung an“ (4,1-2). Jüdische Informanten überbrachten die Nachricht der Verschwörung. Besonderer Schrecken wurde durch die Nachricht ausgelöst, daß Überraschungsangriffe gleichzeitig aus allen Richtungen auf Jerusalem gestartet werden sollten.

Der Schutz, den Nehemia durch Artaxerxes' Briefe hat, ist beschränkt. Die Entfernung zwischen der Hauptstadt und Jerusalem konnte nur durch eine mehrwöchige Reise überbrückt werden. Es wäre nicht schwer für die Feinde Nehemias gewesen, ihn zu töten und dem König nachher zu sagen, er hätte einen Aufstand gegen ihn geplant. Ein Angriff auf Jerusalem konnte als Versuch gerechtfertigt werden, einen Aufruhr gegen den König zu verhindern.

Nehemia reagierte prompt. „Wir aber beteten zu unserem Gott und stellten Hut gegen sie Tag und Nacht vor ihnen“ (4,3). So wie bei seinen Verhandlungen mit Artaxerxes ist auch hier Gebet Ausgangspunkt aller Aktionen. Mit großer Sorgfalt wählt er Wachen, die die

Umgebung von Jerusalem Tag und Nacht bewachen sollen. „... da stellte ich unten an die Örter hinter der Mauer in die Gräben das Volk nach ihren Geschlechtern mit ihren Schwertern, Spießen und Bogen" (4,7). Nehemia läßt die Familien zusammen, wohl wissend, wie groß der Wille zur Verteidigung gerade im Familienverband ist. Er achtet darauf, daß alle gut bewaffnet sind.

Die Situation ist kritisch. Nehemia weiß nicht, wie seine Leute reagieren werden, wenn der Feind tatsächlich kommt. Er ist sich ihrer Angst vor einem Zusammenstoß bewußt. Er spricht mit ihnen und zeigt Verständnis für ihre Angst. Er bietet keine Musterlösungen an, sondern spricht von seinen eigenen Erfahrungen mit Gott. „Fürchtet euch nicht vor ihnen; gedenket an den großen schrecklichen Herrn und streitet für eure Brüder, Söhne, Töchter, Weiber und Häuser" (4,8).

Es ist interessant, einmal seine Aufmerksamkeit auf Nehemias allgemeine Taktik zu richten; sie kann durchgängig bei ihm beobachtet werden. Er hatte mehrere Möglichkeiten, auf die Bedrohung zu reagieren. Zum Beispiel hätte er den Mauerbau vorübergehend einstellen können. Seine Gegner hätten so die Möglichkeit gehabt, sich allmählich an den Gedanken einer Mauer zu gewöhnen. Er hätte auch einen Präventivschlag führen können, ein gefährliches Wagnis, das ihm vielleicht einen strategischen Vorteil gebracht hätte. Stattdessen organisierte er die Verteidigung, um kritischen Situationen gewachsen zu sein und den Mauerbau wiederaufnehmen zu können, sobald die Gefahr vorüber war. Sie war tatsächlich bald vorüber. Als die Feinde merkten, daß ein Überraschungsangriff nicht so leicht durchzuführen sein würde, nahm ihre Entschlossenheit schnell ab. „Da nun aber unsere Feinde hörten, daß es uns kund war geworden und Gott ihren Rat zunichte gemacht hatte, kehrten wir alle wieder zur Mauer, ein jeglicher zu seiner Arbeit" (4,9). Dennoch wurden Vorsichtsmaßnahmen getroffen. Ein Teil der bewaffneten Wache blieb. „Und es geschah fortan, daß die Hälfte der Jünglinge taten die Arbeit, die andere Hälfte hielten Spieße, Schilde, Bogen und Panzer" (4,10). Die Arbeiter waren selbst ebenfalls bewaffnet (4,11-12). An den strategisch wichtigen Punkten der Mauer waren Wächter mit Trompeten aufgestellt, so daß im Falle eines Angriffs sofort Verstärkungen losgeschickt werden konnten.

Admiral Mahon – er diente bei der amerikanischen Marine während des Unabhängigkeitskrieges – pflegte seinen Offizieren folgendes einzuschärfen, wenn er sie unterrichtete: „Meine Herren, was sie auch immer tun, verlieren sie nie das eigentliche Ziel aus den Augen. Sobald sie wissen, was ihr Auftrag ist, lassen sie nicht mehr von ihm ab." Nehemia hatte einen Auftrag. Wenn er sich entschlossen hätte, einen Präventivschlag zu führen, hätte er jeden verfügbaren Mann einsetzen müssen. Die Arbeit am Bau wäre dabei zu einem Stillstand gekommen. Hätte er aber gewartet, bis die Feindseligkeiten sich gelegt hätten, dann wäre es schwer gewesen, die Arbeiterschaft wieder neu zu organisieren. So blieb jedoch die Verteidigungsfähigkeit erhalten, während die Arbeiten zum baldmöglichsten Zeitpunkt wieder aufgenommen werden konnten. Oberstes Ziel für Nehemia war es, die Mauern in Jerusalem wieder aufzubauen. Dieses Ziel bestimmte seine Politik. So entschloß er sich, den Mauerbau bei gleichzeitiger Erhaltung der Verteidigungsfähigkeit fortzusetzen. In der Kriegsführung verhielt er sich defensiv, in der Arbeit agressiv.

Im 18. Jahrhundert lebte ein Evangelist, der wie kein anderer harte und anhaltende Opposition ertragen mußte. Sein Name ist John Whitefield. Er war noch mehr als John Wesley und andere führende Gottesmänner in England zentrale Figur der Erweckungen in England und Nordamerika. Als junger Geistlicher der Anglikanischen Kirche predigte er in Freiversammlungen zu über 50 000 Menschen – ohne Mikrophone und Lautsprecher. Benjamin Franklin, (er wurde später einer der Verleger Whitefields in Nordamerika), konnte nicht glauben, daß so etwas möglich sei. Er besuchte eine der Versammlungen, um die Sache so genau wie möglich zu prüfen. Dabei überzeugte er sich davon, daß Whitefield tatsächlich von allen verstanden wurde, nicht zuletzt wegen seiner ungewöhnlich lauten Stimme, seiner klaren Aussprache und der absoluten Stille, die bei seinen Predigten herrschte. Seine Predigt schlug nicht nur die Zuhörer in Bann, sondern rief auch bei vielen eine solche Sündenerkenntnis hervor, daß sie anfingen zu weinen. Durch niemand anderen als Whitefield überwand John Wesley seine Furcht, im Freien zu predigen. Widerstand gegen Whitefield kam bald auf, und zwar hauptsächlich von gottlosen Dienern des Evangeliums. Mit der Zeit schlossen sich für ihn alle anglikanischen Kirchen. Im Umgang mit seinen Gegnern ließ er sich von drei Grundsätzen leiten: 1. Antworte nie Kritikern. 2. Vermeide Auseinandersetzungen. 3. *Höre niemals auf, die Wahrheit des Evangeliums zu verkündigen*. Als ihm die Kirchentüren verschlossen blieben, predigte er im

Freien zu größeren Mengen als in den Kirchen. In jedem Ort, in dem er zu predigen beabsichtigte, fragte er höflich, ob er die Kirche benutzen dürfe; wenn er die Erlaubnis bekam, benutzte er auch die Kirche. Er freute sich aber viel mehr, wenn es ihm verweigert wurde, weil er im Freien viel mehr Menschen erreichen konnte.

Er hatte nur ein Ziel: Das ganze Evangelium ohne Furcht zu verkündigen. Was für Nehemia der Mauerbau war, war für John Whitefield die Verkündigung des Evangeliums. Weder Beleidigungen noch üble Nachreden konnten ihm den Blick für dieses Ziel nehmen.

Er baute ohne Unterbrechung an seiner „Mauer". Seine letzte Predigt hielt er als sterbender Mann auf dem Treppenabsatz eines Pfarrhauses in Massachusetts. Die Kraft des Heiligen Geistes ergriff seine Zuhörer, während sein Lebenslicht langsam erlosch. Er starb am darauffolgenden Tage; sein Leben hatte er ganz für die Aufgabe verbraucht, die Gott ihm gegeben hatte.

Wenn Sie bekämpft werden, dann denken Sie an die Worte von Admiral Mahon und die Beispiele von Whitefield und Nehemia. Sie haben den Ruf zu einer Arbeit bekommen. Es ist Ihre Aufgabe, sie mit aller Ihnen zur Verfügung stehenden Kraft zu Ende zu bringen.

Für einzelne oder Gruppen:

1. *Wie kann man berechtigte Kritik von ungöttlichem Widerstand unterscheiden?*
2. *Welchen unterschiedlichen Arten von Widerstand begegnen Sie?*
3. *Was können Sie tun, um ihn zu neutralisieren?*
4. *Woran können Sie satanische Einflüsse im Widerstand, der gegen Sie gerichtet ist, erkennen?*
5. *Was ist, um mit Admiral Mahon zu sprechen, Ihr oberster Auftrag als Leiter?*
6. *Was können Sie tun, um ihn niemals aus den Augen zu verlieren?*

6. Der Verantwortliche und Widerstand von innen

Nehemia 5

Es gibt Menschen, die es nicht ertragen können, daß Sie Verantwortung tragen. Jeder Schritt, den sie erfolgreich absolvieren, bedroht sie vermeintlich in ihrem eigenen Erfolg. Für Sanballat bedeutete der Mauerbau eine Bedrohung seines Erfolges. Folglich gab er seinem Mißfallen Ausdruck.

Es wird immer einige Mitglieder in ihrer Gemeinde oder Gruppe geben, die nicht mögen, daß Sie Fortschritte für Gott machen. Der Widerstand aus den eigenen Reihen unterscheidet sich in mancher Hinsicht vom Widerstand von außen. Er kann jedoch ebenso unbarmherzig sein. Er ist die fünfte Kolonne des Feindes. Israeliten töteten die Propheten Israels. Kirchenführer und ihre Anhänger haben Reformatoren verfolgt und versucht, Erweckungen zu verhindern.

Widerstand von innen kann aktiv oder passiv sein. Ersterer nimmt in der Regel Formen offenen Konfliktes an, letzterer äußert sich in Form von Intrigen. Manche meinen, daß man mit der passiven Form besser fertig werden könne. Das ist jedoch ein Irrtum. Passiver Widerstand kann genauso zerstörerisch sein wie aktiver. Menschen, die Intrigen schüren, scheuen die offene Auseinandersetzung; sie haben Absichten, die nicht mit den Absichten Gottes in Einklang stehen. Trotz des friedlichen Gebahrens solcher Menschen wird ein Konflikt mit ihnen früher oder später unvermeidbar sein. Glaube und Böses können sich nicht miteinander vermischen.

Der Widerstand von innen hatte bei Nehemia die passive Form. Die Stimmung wurde immer geladener, so daß eine offene Auseinandersetzung unvermeidbar wurde. Das fünfte Kapitel berichtet darüber, und wie Nehemia damit fertig wurde. Es ging um Geld und Menschenhandel. Der Umgang mit Geld ist gerade in christlichen Kreisen eine heikle Angelegenheit; wenn sich jemand auf diesem Gebiet etwas zuschulden kommen läßt, kann der gute Ruf einer ganzen Gemeinde oder Organisation zerstört werden. Es sollen jedoch nicht Fragen des Geldes oder Menschenhandels erörtert werden, so interessant das auch sein mag. Im folgenden soll aufgezeigt werden, wie Nehemia mit Widerstand von innen fertig wurde.

„Und es erhob sich ein großes Geschrei des Volks und ihrer Weiber wider ihre Brüder, die Juden" (5,1). Wie hat Nehemia auf diese Anklagen reagiert? Konnte er sich einen offenen Konflikt leisten? Wenn ja, wie sollte er vorgehen? Wenn ein Leiter gegen Widerstand vorgehen will, muß er eine „reine Weste" haben. Sonst sind ihm seine Hände gebunden.

Man könnte den Eindruck gewinnen, daß es nun an der Zeit für Nehemia wäre, seine Position zu behaupten. Er zeigt sich jedoch als gereifter Führer, der das Werk höher einstuft als das Ansehen seiner Person oder persönliche Interessen. Er zeigt in hervorragender Weise, wie Widerstand von innen zu behandeln ist. Wir gewinnen einen Eindruck von der besonderen Vollmacht von Gottesmännern vergangener Zeiten.

Der ständige Fortschritt des Mauerbaus erfüllte die Arbeiter zweifellos mit tiefer Befriedigung. Davon kann man aber nicht leben. Sie und ihre Familien brauchen Nahrungsmittel. Die Zeit, die sie zum Bau der Mauer brauchten, fehlte ihnen zum Bestellen ihrer Felder. Das war die tiefere Ursache für ihre Beschwerden, die vielleicht folgendermaßen ausgedrückt wurden: „1. Wir brauchen Nahrung. 2. Wir stecken bis zum Hals in Schulden. 3. Die Steuern richten uns zugrunde. 4. Warum sollen unsere Kinder Sklaven sein, während ihre Kinder im Überfluß leben? Sind wir nicht von einem Volk?" Die Juden waren gezwungen, ihre Felder zu verpfänden, um sich Saatgut kaufen zu können. Einen Teil ihres Landes mußten sie verkaufen. Zinsen, Darlehensrückzahlungen und Ausgaben, die zum Bestellen des Landes notwendig waren, ließen kaum etwas zum Leben übrig. Das Schlimmste war jedoch, daß viele nur überleben konnten, indem sie ihre Kinder an wohlhabendere Juden verkauften – es waren Juden, die gegen den Bau der Mauer waren. Wie es meistens in solchen Fällen ist, arbeiten gerade die Juden an der Mauer, welche es sich am allerwenigsten leisten konnten. Verantwortlich dafür waren diejenigen, welche Nehemia passiven Widerstand leisteten, indem sie sich weigerten, an der Mauer mitzuarbeiten (vergl. 3,5). Gottes Auftrag war ihnen gleichgültig. Diese Gleichgültigkeit war eine faule Frucht eines faulen Baumes.

Der zornige Führer

Nehemia reagiert deutlich. „Da ich aber ihr Schreien und solche Worte hörte, ward ich sehr zornig. Und mein Herz ward Rats mit mir, daß ich schalt die Ratsherren und die Obersten und sprach zu ihnen: Wollt ihr einer auf den anderen Wucher treiben? Und ich brachte eine große Gemeinde wider sie zusammen“ (5, 6-7). Es ist schwierig zu sagen, worin genau Nehemia die Ursache des Mißstandes sah. Für „Wucher treiben“ in Vers sieben gibt es verschiedene Übersetzungsmöglichkeiten. In verschiedenen amerikanischen Bibelübersetzungen tauchen folgende Wendungen auf: „Zinsen erheben“, „Lasten auflegen“, „Wucher treiben“. Diese Bibelstelle war schon häufig Diskussionsgegenstand der Gelehrten. Die beste Beschreibung der Situation liefert wohl der Ausdruck „Wucher treiben“ (5,7). Menschen wurden verpfändet, und Pfandleiher suchten kaltblütig ihren Vorteil. Die tiefere Ursache dieser Probleme war die Gleichgültigkeit habgieriger einflußreicher Juden gegenüber Gottes Sache.

Nehemias Zorn ist eine spontane Reaktion (5,6). Diese Reaktion erscheint heute vielen unangemessen. Kann man gleichzeitig zornig und gottesfürchtig sein? Die Ansichten darüber ändern sich. Es gab eine Zeit, in der Zorn abgelehnt wurde. Er galt als Zeichen von Fleischlichkeit. Heute jedoch ist Zorn („Wut“) in. Man wird geradezu ermutigt, seiner Wut in angemessener („sündloser“) Weise Ausdruck zu geben.

Geistliche Gesinnung vereinigt in sich zwei wichtige Einsichten. Die erste ist allgemein bekannt, daß nämlich unkontrollierter Zorn Produkt unserer fleischlichen, gefallenen Natur ist. Die andere, neuere Einsicht ist, daß unterdrückter Zorn ebenso zerstörerisch wirken kann wie Zorn, der unmittelbar zum Ausbruch kommt. Unterdrückter Zorn kommt uns selten zu Bewußtsein. Wenn er sich über Jahre hinweg in einem geheimen Winkel unseres Herzens eingenistet hat, vergiftet er langsam unsere Gefühle und beeinträchtigt unsere Beziehungen zu Mitmenschen.

Nicht jeder Zornausbruch ist Sünde – sonst könnte man selbst Gott der Sünde bezichtigen. Menschlicher Zorn hat seine Ursachen häufig in Unsicherheit, Frustration und Egozentrik. Gott ist weder egozentrisch noch frustriert noch unsicher. Sein Zorn entspringt heiliger Liebe. Unsere Unsicherheit, Frustration und Egozentrik entspringen unseren ungeordneten und sündigen Seelen. Deshalb ist unser Zorn fast immer sündig.

Wie soll man mit eigenem Zorn umgehen? Wir brauchen uns unseres Zornes nicht zu schämen und so zu tun, als sei uns Zorn völlig unbekannt. Zorn darf nicht vergraben, versteckt, vergessen oder geleugnet werden, man muß ihn annehmen. Was hat Nehemia mit seinem Zorn gemacht? „Sein Herz ward Rats mit ihm" (5,7). Für diese Stelle gibt es ebenfalls unterschiedliche Übersetzungen; eines weiß man jedoch sicher: Nehemia befindet sich in einer Phase des Nachdenkens, Abwägens und Überlegens. Er überlegt, bevor er handelt. Sein Zorn wird kanalisiert in überlegtes, aufbauendes Handeln. Übereiltheit kann ihm ganz bestimmt nicht vorgeworfen werden, zumal nicht bekannt ist, wie lange er nachdachte. Seine Worte und sein Handeln zeigen, daß er mutig, überlegt und weise mit den Problemen und Menschen umgehen kann.

Es ist nicht erwiesen, daß sein Zorn fleischlichen Ursprungs ist. Fleischlicher Zorn bringt in der Regel fleischliche Früchte. Wenn Nehemias Zorn Sünde enthielt, dann wurde sie ihm spätestens durch sein Nachdenken bewußt. Er handelte im Sinne Gottes, indem er einen Mißstand beseitigte, der Gott mehr erzürnte als Nehemia selbst. Wir sollten uns Nehemias Verhalten zum Vorbild nehmen. Wenn alle christlichen Verantwortlichen mit Widerstand so umgehen würden wie Nehemia, dann würden alle Streitigkeiten bald beigelegt sein.

Nehemia geht zuerst zu denjenigen, die für die Mißstände verantwortlich sind. Er ist entschlossen, die Angelegenheit vor die Öffentlichkeit zu bringen und setzt sich persönlich mit seinen Gegnern auseinander. Es ist nicht allgemein üblich, so vorzugehen. Man geht gern falsche Kompromisse ein. Missetäter können ihren Standpunkt oft überzeugend darstellen, so daß man schwach wird und versucht ist, „beide Seiten zu sehen". Damit versäumen wir jedoch, unsere Überzeugungen mit der notwendigen Klarheit zu vertreten.

Nehemia erlaubt sich keinerlei Schwachheit. Sein Standpunkt ist klar und kompromißlos. Er sagt den Vornehmen unverblümt, was er denkt. „Wollt ihr einer auf den anderen Wucher treiben?“ Unabhängig davon, was ihnen noch an Konflikten mit Nehemia bevorsteht, eines wissen die Vornehmen sicher: Sein Standpunkt wird ihnen nicht unbekannt bleiben. Leute, die für Gott Verantwortung tragen, können sich Doppelzüngigkeit nicht erlauben. Unsere öffentlich und privat geäußerten Meinungen müssen übereinstimmen.

Dinge, die die Öffentlichkeit betreffen, müssen öffentlich diskutiert werden. In diesem Punkt gibt es keine Ausnahme. Deshalb „bringt Nehemia eine große Gemeinde zusammen“ (5,7), um den Mißstand zur Sprache zu bringen. Nachdem er den Vornehmen privat einen Verweis erteilt hat, stellt er sie vor der Menge zur Rede. „Wir haben unsere Brüder, die Juden, erkauft, die den Heiden verkauft waren, nach unserem Vermögen; und ihr wollt auch eure Brüder verkaufen und sie sollen verkauft werden“ (5,8)? Die Vornehmen fühlen sich schuldig angesichts ihrer Opfer, vor denen sie nun stehen. Deshalb „finden sie nichts zu antworten“ (5,8). Nehemia merkt, daß sie sich ihrer Schuld bewußt sind, und ermahnt sie, sich so zu verhalten, wie es sich in Gottes Gegenwart und vor den Feinden Gottes ziemt (5,9).

Nehemia muß hier etwas tun, was nicht sehr dankbar ist. Jemandem, der Verantwortung trägt, ist es sehr unangenehm, wenn er andere in Verlegenheit bringen oder erniedrigen muß. Nehemia hat sich darüberhinaus bei einflußreichen Leuten unbeliebt gemacht. Es war jedoch notwendig, denn anders hätte der Mißstand nicht beseitigt werden können.

Nehemia verschweigt seine eigene Sünde nicht. „Ich und meine Brüder und meine Leute haben ihnen auch Geld geliehen und Getreide; laßt uns doch diese Schuld erlassen“ (5,10). Es ist unklar, ob er sich hier als Vorbild darstellen will oder ob er bekennen will, daß er auch schuldig geworden ist. Falls er und seine Diener Anleihen zum eigenen Vorteil gegeben haben, bekennt er sich dazu und fordert alle auf, dies künftig zu unterlassen. Daneben brandmarkt er Mißstände, an denen er nicht beteiligt ist.

Wenn es stimmt, daß Nehemia hier Schuld bekannt hat, können wir Wichtiges daraus erlernen. Seine Phase des Nachdenkens hätte dann auch ein Schuldbekenntnis vor Gott enthalten, das er auch vor der Öffentlichkeit wiederholt hätte. Verantwortliche machen Fehler. Verantwortung für Gott tragen heißt auch, eigene Fehler zugeben und die gleichen Maßstäbe, die man an andere anlegt, an sich selbst anzulegen. Das kann für einen Leiter unbequem sein, aber es macht ihn unabhängig.

Die Vornehmen versprechen, Nehemias Forderungen bedingungslos zu erfüllen. „Wir werden alles zurückgeben", sagen sie, und, „wir wollen nach dem tun, was du uns gesagt hast". Nehemia weiß aber aus seinen Erfahrungen mit Reichen, wie verläßlich solche Worte sind. Deshalb besteht er auf einem rechtlich verbindlichen, öffentlich und vor den Priestern abgelegten Eid (5,12). Ein öffentlich gemachtes Versprechen kann man nicht ignorieren. Man kann seine Erfüllung auch nicht vor sich her schieben. Nehemia verflucht jeden, der seinen Eid bricht. „Auch schüttelte ich meinen Busen aus und sprach: Also schüttle Gott aus jedermann von seinem Hause und von seiner Arbeit, der dies Wort nicht handhabt, daß er sei ausgeschüttelt und leer" (5,13).

Nehemia erfüllt alle Pflichten, die er als Verantwortlicher hat, und unterläßt nichts, um zurechtzubringen, was durch heimlichen Widerstand durcheinandergebracht worden ist.

Sein Fluch erscheint uns heute überflüssig und unzeitgemäß. Wir haben es hier mit einem „durch Propheten verordnetes Gericht" zu tun. Ein Beispiel für derartiges Gericht kann bei Elisa gefunden werden. Als er im Sterben liegt, gibt Gott ihm und dem König Joas Macht, über das Ausmaß der Strafe über die Aramäer zu entscheiden. Juda mußte jahrelang Grausamkeiten von diesem Volk ertragen. Das vom Herrn verkündete Urteil soll nun vollstreckt werden. Diese Vollstreckung liegt in den Händen von Joas und Elisa. Joas schießt auf Anweisung Elisas einen Pfeil über ein Feld. Elisa nennt ihn „einen Pfeil des Sieges des Herrn... über Aram". Der Abschuß dieses Pfeils stellt den Sieg Joas' über Aram sicher (2. Kön. 13,15-17). Als Nächstes weist Elisa den König an, mit den übrigen Pfeilen auf den Boden zu schlagen. Zu Elisas Schrecken tut er dies nur dreimal. Hätte er fünf- oder sechsmal geschlagen, so wäre Aram vollständig vernichtet worden. So wird Joas Syrien nur besiegen, aber nicht auslöschen (2. Kön. 12,18-19).

Wir verstehen heute nur noch schwer, daß Gott seine Gerichte über ganze Völker in die Hände von Menschen legt. Noch unverständlicher ist uns, daß das Ausmaß des Gerichtes, wie im Fall von Joas und Elisa, von Menschen bestimmt werden kann. Die Bibel läßt jedoch keinen Zweifel darüber, daß es derartiges gibt.

Paulus vollzieht ebenfalls „prophetisches Gericht“, als die korinthischen Juden dem Evangelium widerstehen und Gott lästern. Er schüttelt seine Kleider in alle vier Winde aus und erklärt, daß er an ihrem Blut unschuldig ist (Apg. 18,6). Jesus befahl den Aposteln, den Staub von ihren Füßen zu schütteln, wenn die Leute ihr Wort ablehnten; das war Zeichen für ein schreckliches Gericht, das folgen sollte.

Wir haben heute Angst vor solcher Radikalität. Uns fehlen oft der Blick für Gottes Wille und Vollmacht. Wir fürchten so sehr, etwas Falsches zu tun, daß wir versäumen, das Richtige zu tun. Wir meinen, Gott könne seine Gerichte auch ohne uns ausführen. Gott fordert uns aber auf, zu handeln. Er leidet, wenn wir ihm den Gehorsam verweigern und so die Verbindung mit ihm allmählich lösen.

Auf der anderen Seite müssen wir uns aber hüten, Urteile nach unserem eigenen Gutdünken auszusprechen. Gericht ist eine äußerst ernste Angelegenheit und darf nicht Ergebnis oberflächlicher Launen sein.

Jeder Humanist hätte so wie Nehemia handeln können. Einen Eid vor Priestern ablegen zu lassen, kann auch nur eine äußere Form von Frömmigkeit sein, die sonst nichts beinhaltet. Täglich schwören ungläubige Menschen in Gerichten, indem sie ihre Hand auf die Bibel legen. Prophetisches Gericht verkündigen kann aber nur jemand, der an die Macht Gottes glaubt und in stetiger Verbindung mit ihm ist. Sind wir, als Verantwortliche für Gott, in stetiger Verbindung mit ihm?

Ein großzügiger Leiter

Jeder Zweifel über Nehemias Unbescholtenheit in Geldangelegenheiten wird am Ende von Kapitel fünf beseitigt. Es wird berichtet, daß Nehemia in seiner Funktion als Landpfleger von Jerusalem offiziell den Auftrag hatte, die Mauern wieder aufzubauen. Seine erste Amtszeit betrug zwölf Jahre (5,14). Er konnte Steuern erheben, um Kosten, die sein Amt mit sich brachte, zu decken. Gäste mußten bewirtet und unterhalten werden. Das brachte erhebliche Ausgaben mit sich. „... nährte ich mich und meine Brüder nicht von der Landpfleger Kost. Denn die vorigen Landpfleger, die vor mir gewesen waren, hatten das Volk beschwert und hatten von ihnen genommen Brot und Wein, dazu auch 40 Silberlinge“ (5,14-15).

Die anfallenden Kosten waren beträchtlich. Nehemia mußte täglich ca. 150 Beamte bewirten; dazu kamen Würdenträger, die zu Besuch waren. Die Höhe der Kosten kann aufgrund von Vers 18 geschätzt werden: „Und man gebrauchte für mich des Tages einen Ochsen und sechs erwählte Schafe und Vögel und je innerhalb zehn Tagen allerlei Wein die Menge." Vielleicht bezahlte er die Nahungsmittel entweder aus seinem Vermögen oder von einem Gehalt, das er aus Susa bezog.

Ein politisches Amt eröffnet Möglichkeiten, sich große finanzielle Gewinne zu verschaffen. Politiker in aller Welt bereichern sich durch Korruption. Manchmal können Politiker sogar Steuern für persönliche Zwecke erheben und Leute für private Zwecke arbeiten lassen. Solche Leute werden oft in Korruption verwickelt.

Nehemia läßt solche Möglichkeiten ungenutzt. Manche würden über „so viel Dummheit" den Kopf schütteln. Als ihn die schlimmen Nachrichten aus Jerusalem in Artaxerxes' Palast erreichten, denkt er nicht daran, dies als Gelegenheit zu nutzen, um zu Ruhm und Reichtum zu kommen. Er ist sogar bestrebt, im Palast bleiben zu können. Als er sich entschließt, doch nach Jerusalem zu gehen, ist es seine einzige Absicht, Gott zu dienen und den unterdrückten Menschen zu helfen. Wie Eltern für ihre Kinder sorgen, sorgte er für sein Volk. Deshalb konnte er auch den Vornehmen entgegentreten. Reichtum und Ehre lockten ihn nicht. Deshalb hatten seine Feinde keine Macht über ihn. Durch ihn wurden andere reich. Als er nach Jerusalem kam, waren die Grundstückspreise niedrig. Durch seine Regierungsarbeit stieg der Wert des Landes jedoch schnell. Nehemia war nicht gekommen, um zu nehmen, sondern um zu geben.

Nehemia war darauf bedacht, daß kein Verdacht von Korruption seine Arbeit beeinträchtigen konnte. Grund dafür war nicht nur seine moralische Reinheit, sondern auch die Tatsache, daß er nur das Wohl seines Volkes suchte. Er war nicht nur Diener Gottes, sondern auch Diener der Allgemeinheit. Er war einer von den seltenen Leitern, die das Herz eines Hirten haben.

Statt seine Bediensteten zur Verwirklichung seiner Wünsche nach Luxus zu benutzen, nimmt er sie mit zur Mauer, um mit ihnen dort zu arbeiten. „Auch arbeitete ich an der Mauer Arbeit und kaufte keinen Acker; und alle meine Leute mußten daselbst an die Arbeit zuhauf kommen" (5,16). Die Ausgaben, welche seine öffentliche Stellung mit sich brachte, ließen wahrscheinlich keinen Spielraum für Grundstücksspekulationen. Er scheute ohnehin vor solchen Spekulationen zurück. Wenige christliche Führer denken in der ersten Zeit ihres Dienstes daran, mit Hilfe ihres Amtes „Geld zu machen". Je länger sie jedoch im Reiche Gottes tätig sind und je mehr Erfahrung sie sammeln, desto größer ist die Versuchung, finanziell in die eigene Tasche zu wirtschaften. Schließlich „ist der Arbeiter seines Lohnes wert". Dabei wird oft durch die Gier nach Reichtum jegliche Liebe erstickt. In reichen Ländern bereichern sich christliche Führer sehr häufig aufgrund ihrer jeweiligen Position. Sie sind eher Wölfe als Hirten. Es ist selbstverständlich, daß der Lebensstandard von Reichsgottesarbeitern etwa dem der anderen Gemeindeglieder angepaßt ist. Christliche Leiterschaft darf nicht zu einem Luxus führen, der sich mit Fürstenhäusern messen kann. In der Geschichte der Kirche war dies dennoch häufig der Fall.

Leute, die sich so bereichern, gibt es nach wie vor. Sie verstehen es immer wieder, die Ausbeutung der Gemeinde Jesu – Quelle ihres Reichtums – zu rechtfertigen. Ihre Reichtümer kommen jedoch nicht von Gott, sondern von ihrer Gier. Laßt uns als Verantwortliche für Gott niemals Reichtümer sammeln. Es ist viel besser, Schätze im Himmel zu sammeln.

Manchmal beneiden wir andere um ihren Reichtum. Es geht uns vielleicht wie Asaph, der einmal sagte: „Denn es verdroß mich der Ruhmredigen, da ich sah, daß es den Gottlosen so wohl ging." Nehemia könnte versucht gewesen sein, den Wohlstand seiner Vorgänger zu beneiden und sich über die ständige finanzielle Belastung durch Gastfreundschaft zu ärgern. „Gedenke mir, mein Gott, zum Besten", seufzt er, nachdem er über seinen Umgang mit Geld berichtet hat (5,19).

Unsere Hoffnungen beziehen sich nicht auf diese Welt. Dennoch sorgt Gott für uns auch in diesem Leben. Es kann dabei sogar sein, daß er uns mit Reichtümern segnet. Unser Streben ist jedoch auf ein kommendes Reich gerichtet. Solange wir Jesu Gesinnung haben, können uns vergänglicher Reichtum und vergängliches Ansehen nicht vom Streben nach wahrem Reichtum abbringen.

Der Leiter als Diener

Gute Leiter sind bereit, zu dienen. Eltern tun erniedrigende Dinge für ihre Kinder, um sie aufzuziehen. Diese Haltung sollten auch Leiter einnehmen. Sie bewahrt vor Geiz und hilft, die von Gott übertragene Aufgabe erfolgreich auszuführen. Die Juden kamen mit ihren Sorgen zu Nehemia, und die Vornehmen waren bereit, auf ihn zu hören. Sie alle kannten die innere Haltung Nehemias und respektierten ihn.

Seit Anbeginn der Welt gibt es zwei Vorstellungen von Führerschaft: Die eine ist, daß ein Führer in der Lage sein muß, sich zu behaupten, die andere, daß er dienen können muß.

Die Heilige Schrift mißbilligt ein „Herrschen" über andere. Petrus appelliert an Gemeindeälteste, nicht über die Gemeinde zu herrschen (1. Petr. 5,3). Dabei hat er vermutlich Jesu Worte im Sinn, als dieser sagte: „Ihr wisset, daß die weltlichen Fürsten herrschen... So soll es nicht unter euch sein. Sondern so jemand will unter euch gewaltig sein, der sei euer Diener;... gleichwie des Menschen Sohn ist nicht gekommen, daß er sich dienen lasse, sondern daß er diene und gebe sein Leben zu einer Erlösung für viele" (Matth.20, 25-28).

Ich selbst habe einmal erfahren, wie schnell Stolz und Ehrgeiz aufkommen, als ich eine angesehene Stellung in der Reichsgottesarbeit angeboten bekam. Als ich darüber zu Gott betete, wurde für mich klar, daß diese Stellung für mich kein Aufstieg, sondern ein Abstieg war, weil mein Hochmut dadurch unendlich groß werden würde. Gott demütigte mich, so daß ich die Aufgabe schließlich doch annehmen konnte.

Der wahre Führer dient. Er dient nicht einer Sache, sondern Menschen. Er hat immer ihr Bestes im Sinn. Dabei macht er sich manchmal unbeliebt. Er nimmt dies jedoch gern auf sich, weil ihn nicht Streben nach eigener Ehre, sondern Liebe treibt.

Viele Menschen bekennen sich nur mit den Lippen zum Willen Gottes. Es sind Menschen, deren Führerbild Friedrich Nietzsches Führerbild in „Also sprach Zarathustra" entspricht. Danach ist ein Führer von der „starken Spezies Mensch, höchstbegabt mit Intellekt und Willen, der zusammen mit der Elite um ihn herum Herr der Welt ist". Die Kirche ist voll von bemitleidenswerten Leuten, die von Macht träumen. Sie erscheinen lächerlich und harmlos, solange sie klein sind. Adolf Hitler war kleinbürgerlich, als er noch in Bayern war. Später in

Berlin war er einer der gefährlichsten Menschen der Welt. Nietzsche war ein ähnlicher Mensch. Seine Schriften haben großen Schaden angerichtet. Im täglichen Leben war er jedoch schüchtern, hatte Angst vor Frauen und zeigte psychopathisches Verhalten. Jesus aber erniedrigte sich selbst und war darin der herrlichste Mensch, den die Welt je gesehen hat.

Die hervorragendsten Führer im Reiche Gottes gehören zu den Sanftmütigen. Sie weinen und beten im Verborgenen und kämpfen unerbittlich in der Öffentlichkeit. Sie zittern, wenn Gefahr droht, aber sie gehen lieber in den Tod als ihr auszuweichen. Sie sind wie ein Hirte, der seine Herde gegen wilde Tiere verteidigt, und wie eine Henne, die ihre Kücken schützt. Sie sind ohne Murren zu Opfern bereit und geben, ohne dafür etwas zurückzuerwarten. Sie leiden, ohne zu stöhnen. Sie freuen sich, wenn andere im Reich Gottes Erfolg haben. Ihr Wert kann nicht mit Geld aufgewogen werden. Nehemia war einer von ihnen.

Für einzelne oder Gruppen:

1. *Geben Sie Beispiele für passive Opposition und Beispiele für aktive Opposition von innen.*
2. *Warum ist die eine Art der Opposition genauso verheerend wie die andere?*
3. *Wie können Sie ihren Leiter noch besser unterstützen?*
4. *Wie kann Geld eine Wand zwischen Ihnen und der Gemeinde Jesu aufrichten? Wie kann es Spaltung in die Gemeinde bringen?*
5. *Wie kann man diesen Problemen entgegenwirken?*

7. Der Verantwortliche und Angriffe auf seine Person

Nehemia 6

Wenn man eine Genehmigung von einer Behörde erhalten möchte, die nicht so ohne weiteres zu bekommen ist, dann ist es ratsam, sich unmittelbar an die höchste Person im Amt zu wenden. Sie kann einem noch am ehesten die gewünschte Erlaubnis verschaffen. Dasselbe gilt für Widerstand. Wenn man den Anführer einer Bewegung zu Fall bringen kann, bricht meist die ganze Bewegung zusammen. „Schießt zuerst die Offiziere ab", ist ein Befehl, der in Kriegen oft gegeben wird. Terroristen verüben Attentate vornehmlich auf Führungskräfte.

Im sechsten Kapitel des Buches Nehemia hat der Widerstand gegen den Mauerbau einen Höhepunkt erreicht. Vorher war das gesamte jüdische Volk Ziel des Widerstandes, nun ist es Nehemia allein. Die Feinde Nehemias wollen seine Aufmerksamkeit an sich binden, um den Mauerbau auf diese Weise zu verhindern.

Schon bei seiner normalen Arbeit ist ein Verantwortlicher vielfältigen Spannungen ausgesetzt. Persönliche Angriffe setzten ihn jedoch Spannungen aus, die weitaus größer sind. Wie reagiert Nehemia auf persönliche Angriffe? Was können wir daraus lernen?

Streß hat Auswirkungen auf den menschlichen Körper. Streß ist zum Beispiel Ursache für viele körperliche Krankheiten. Es gibt sehr viel Literatur über Streß und wie man ihn vermeiden kann oder wie man mit ihm fertig wird, wenn man ihn nicht vermeiden kann.

Aus der gesamten westlichen Welt erreichen mich Briefe von Christen mit der Bitte, ich möge Seminare über Streß an ihrem Ort halten. Diese Briefe bereiten mir einigen Kummer. Aus Ländern der dritten Welt, wo Christen verfolgt werden – und damit unter ganz anderem Streß stehen als Christen der westlichen Welt –, erreichen mich ganz andere Briefe. Dort werde ich gebeten, Vorträge über Glauben und Jüngerschaft zu halten.

Für die meisten Christen der dritten Welt ist Streß eine Selbstverständlichkeit. Ihre Freude darüber, daß sie Kinder Gottes sind, ist so groß, daß sie damit verbundenen Streß kaum wahrnehmen. Es ist nicht unwahrscheinlich, daß Brüder und Schwestern dort mehr über wahres Leben wissen als Christen in unserer satten und sicheren Welt. Sie sind immer ein wenig näher an der Ewigkeit als wir.

Wenn Hunger an uns nagt, wenn das Leben täglich bedroht ist, wenn die Technik uns nicht mehr vor den Grausamkeiten der Natur abschirmt, dann gewinnen andere Werte an Bedeutung. Im allgemeinen sind diese Werte weniger schädlich für ein Leben mit Christus.

Nachfolge Jesu kann Streß eher vergrößern als verringern. Sie führt uns von Belastung zu Belastung. Sie führt uns aber auch von Sieg zu Sieg.

Wir haben Unrecht, wenn wir meinen, daß Streß etwas Negatives ist, das man unter allen Umständen vermeiden muß. Belastungen können nicht nur zerstörend wirken, sondern auch widerstandsfähig machen. Winston Churchill stand während des Zweiten Weltkrieges unter permanentem Streß. Er arbeitete ständig, bekam nur wenig Schlaf und stand unter hohem psychischen Druck. Jeden Tag konnten feindliche Truppen in sein Land einmarschieren. Nur 22 Seemeilen trennten ihn von der größten Macht der Welt. Trotz dieser Belastungen wuchs er über sich hinaus und blühte förmlich auf.

Margaret Thatcher, eine spätere Nachfolgerin, ist eine umstrittene Persönlichkeit. Während des Falkland-Krieges war sie großen Belastungen ausgesetzt. Sie hatte mit Widerstand aus dem Parlament zu kämpfen und litt unter den großen Risiken und Gefahren, denen ihre Leute auf den Falklandinseln ausgeliefert waren. Ihre Entscheidungen wurden in aller Welt heftig diskutiert. Sie bekam nur wenig Schlaf in dieser Zeit, weil sie wichtige diplomatische und militärische Entscheidungen zu treffen hatte.

Statt jedoch unter ihrer Last zusammenzubrechen, blühte sie auf. Sie zeigte sich mit neuen Frisuren und neuen, besseren Kleidern. Der Streß hatte positive Wirkung auf sie. Er war jedoch nicht die einzige Ursache dafür. Ein weiterer Grund war ihr Wissen, daß ihre Bemühungen von Erfolg gekrönt sein würden. Genauso ist es bei uns Christen. Wir dürfen wissen, daß wir nicht nur von Belastung zu Belastung, sondern auch von Sieg zu Sieg gehen.

Erfolg im Streß

Erfolg ist gleichzeitig Quelle und Lösung des Problems Streß. Die Tatsache, daß die Mauern fertig waren und nur noch die Stadttore eingehängt zu werden brauchten, veranlaßten den wutentbrannten Sanballat, seine Anstrengungen zu verdoppeln (6,1). Er und seine Anhänger änderten nun ihre Taktik. „Komm und laß uns zusammen kommen in den Dörfern der Fläche Ono." Sie wollen sich mit Nehemia in einiger Entfernung von Jerusalem treffen, um mit ihm die Lage zu besprechen.

Eine Bitte um ein Gespräch kann man nicht ohne weiteres abschlagen. Vielleicht führt es sogar zu Kompromissen, die ein Ende der Feindschaft mit sich bringen. Es kann nicht ausgeschlossen werden, daß ein Gespräch fruchtbar ist. Nehemia steht daher unter großem Druck. Dieser Druck wird noch dadurch verstärkt, daß Sanballat die Einladung ständig wiederholt. „Sie sandten aber viermal zu mir auf die Weise" (6,4). Es war nicht auszuschließen, daß Sanballat mit Nehemia Frieden schließen und sogar mit ihm zusammenarbeiten wollte. Unter den Nachfolgern Jesu gibt es viel Feindschaft und Rivalität. Wo Zusammenarbeit möglich ist, sollte man deshalb auch gemeinsam arbeiten. Unter bestimmten Umständen kann Zusammenarbeit jedoch ein Fehler sein.

Zusammenarbeit ist eindeutig da völlig fehl am Platze, wo sich Ziele unterscheiden. Welchen Sinn hat es, wenn zwei Menschen eine gemeinsame Reise unternehmen, von denen der eine zum Nordpol und der andere zum Südpol will?

Kurz nach dem Zweiten Weltkrieg wünschte ein Komitee des Weltkirchenrates, daß „Inter-Varsity-Fellowship" („IVF") und „Student-Christian-Movement" („SCM") zusammenarbeiten sollten. Beides waren christliche Studentenorganisationen in Großbritannien.

Als Studentenführer mußte ich eine Entscheidung treffen; ich stand deswegen unter großem seelischen Druck. Monatelang wurde ich zu Gesprächen mit Pastoren und Mitarbeitern der Studentenarbeit eingeladen, die mich bedrängten, einer Zusammenarbeit zuzustimmen. „SCM" war zu dieser Zeit zahlenmäßig weit größer als „IVF". Oft sah ich mich älteren und erfahreneren Mitarbeitern gegenüber, die mir an Beredsamkeit und Wissen überlegen waren. Ich bin von Natur aus ein kompromißbereiter Mensch und verabscheue Konflikte.

Beide Studentenbewegungen hatten sich Jahre vorher getrennt, weil die Ansichten über Wesen und Wichtigkeit des Evangeliums auseinandergingen. Die christliche Studentenvereinigung von Cambridge hatte sich von der Gesamtbewegung getrennt, um für die Aufgaben frei zu sein, die Jesus allen Jüngern aufgetragen hatte. Dadurch entstand der evangelikale Zweig der englischen Studentenarbeit und später „Inter-Varsity-Fellowship". Als Vorsitzender hatte ich die Pflicht, die von den Gründern aufgestellten Ziele unserer Bewegung weiter zu verfolgen.

Ich stellte mir dir Frage, ob sich die Ziele der „Student-Christian-Mission" so verändert hatten, daß sie mit denen unserer Bewegung wieder übereinstimmten. Einige Christen waren davon überzeugt und meinten, daß es Unterschiede nur hinsichtlich von Begriffen aber nicht von Inhalten gebe. Andere waren dagegen der Meinung, daß sich nichts geändert habe.

Merkwürdigerweise sahen Nichtchristen in dieser Angelegenheit viel klarer als Christen. Ich wurde zu einer Podiumsdiskussion eingeladen, mit dem Thema „Alle Religionen der Welt haben das gleiche Ziel". Ein Vertreter von „SCM" sollte als Befürworter dieser These auftreten und ich, als Vertreter von „Inter-Varsity-Fellowship" sollte diesem Standpunkt entgegentreten.

Streitgespräche sind wichtiger Bestandteil des Studentenlebens. Dabei werden oft leidenschaftliche Diskussionen geführt. Unsere Diskussion war da keine Ausnahme. Der Saal war bis auf den letzten Platz besetzt und viele saßen in Gängen, auf Fensterbänken oder lehnten an der Wand. Wir wurden Sieger in diesem Streitgespräch und das mit Leichtigkeit. Das hatten wir aber nicht uns zu verdanken. Vielmehr vertraten die Nichtchristen unter den Studenten die Meinung, daß die Unvereinbarkeit der Weltreligionen eine objektive Tatsache sei und nichts mit unterschiedlichen Standpunkten zu tun habe. Ohne es zu wollen, hatten sie auch die Unterschiede beider christlicher Studentengruppen bloßgelegt.

Obwohl ich ungern freundliche Einladungen zur Zusammenarbeit ablehne, mußte ich es jetzt tun. Ein Zusammenschluß beider Gruppen war unmöglich, weil ihre Ziele unvereinbar waren.

Eine Aufforderung zu einer Zusammenarbeit kann verschiedene Motive haben. Eines ist, daß man Einigkeit erreichen möchte. Es kann jedoch auch nur Vorwand für Machtkämpfe sein oder Intrigen tarnen.

Das war auch der Fall, als Nehemia von seinen Gegnern zu einem Gespräch eingeladen wurde. Nehemia weiß genau, was zu tun ist. Der Mauerbau muß weitergehen. Wenn er ihn verläßt, um Gespräche zu führen, dann kann er nicht weitergehen.

Die Einladung, welche er erhalten hat, ist darüberhinaus keine echte Bitte um einen Dialog. Sie soll nur helfen, ein Attentat auf Nehemia auszuführen. Nehemia ist zu keinen Zeitpunkt versucht, die Einladung anzunehmen. Die Worte, mit der er sie ablehnt, zeigen, daß er den Blick für das oberste Ziel nicht verloren hat und daß er unablässig auf Vollendung des Baus drängt. „Ich habe ein großes Geschäft auszurichten, ich kann nicht hinabkommen; es möchte das Werk nachbleiben, wo ich die Hand abtäte und zu euch hinabzöge" (6,3). Er wußte, daß nichts, was seine Gegner vorschlagen würden, den Bau überflüssig machten.

Nehemia hatte Prinzipien, nach denen er handelte. Sie sind im folgenden zusammengefaßt. Erfolg ruft gewöhnlich Widerstand hervor. Je größer der Erfolg, desto erbitterter der Widerstand. Anfeindung durch Menschen, Mutlosigkeit und Angst können bei der Arbeit im Reiche Gottes satanischen Ursprungs sein. Die Heftigkeit des Widerstandes kann als Gradmesser dafür angesehen werden, wie wichtig die jeweilige Arbeit für das Reich Gottes ist.

Angriffe konzentrieren sich auf diejenigen, die Verantwortung in der Reichsgottesarbeit tragen. Das ist mit Belastungen für die Betroffenen verbunden. Sie sollten dabei zwei Dinge nicht aus den Augen verlieren: *Die Quelle des Widerstandes* (Satan) und *das Ziel des Widerstandes* (die Arbeit stoppen). Hilfreich ist Admiral Mahons Grundsatz, niemals das oberste Ziel aus den Augen zu verlieren. Unser oberstes Ziel ist, Menschen aus allen Völkern zu Jüngern zu machen. Verantwortliche dürfen nicht vergessen, daß Streß nicht nur schwächen, sondern auch aufbauen kann. Wenn Belastungen zu einem Sieg verhelfen, dann wirken sie sich positiv aus.

Nachdem Sanballats Versuch, Nehemia in einen Hinterhalt zu locken und zu ermorden, gescheitert ist, nimmt er sich vor, ihn politisch bloßzustellen. Er schreibt – Geschriebenes hat größeres Gewicht – einen offenen Brief an Nehemia: „Es ist vor die Heiden gekommen, und Gesem hat's gesagt, daß du und die Juden gedenket abzufallen, darum du die Mauer baust, und du wolltest also ihr König werden; und du habest dir Propheten bestellt, die von dir ausrufen sollen zu Jerusalem und sagen: Er ist der König Judas. Nun, solches wird vor den König kommen. So komm nun und laß uns miteinander ratschlagen" (6,6.-7)!

Möglicherweise ist Sanballat wirklich davon überzeugt, daß Nehemia einen Aufstand plant. Dieselbe Mauer, die Jerusalem vor Angriffen Sanballats schützen kann, eröffnet auch die Möglichkeit zu einer Rebellion gegen den König.

Der Brief ist nicht nur verleumderisch, sondern auch schädlich für Nehemias Politik. Es ist ein unversiegelter Brief, das bedeutet, daß er auf seinem Weg nach Jerusalem von vielen gelesen wird. Dadurch werden sich schnell Gerüchte ausbreiten, die dem Plan Nehemias schaden. Die Behauptungen in dem Brief sind frei erfunden und werden aufgrund von imaginären Informationsquellen abgesichert. „Es ist vor die Heiden gekommen, und Gesem hat's gesagt..." (6,6). Wir würden bei solchen Worten schnell dazu übergehen, uns zu verteidigen. Wir sind sehr auf unseren Ruf bedacht und davon abhängig, was andere Menschen von uns denken. Wir fürchten uns davor, daß man Gerüchten gegen uns Glauben schenken könnte. Verschlossene Türen, Blicke, die sich abwenden, gehässige Briefe, ausgeschlossen werden, davor fürchten wir uns sehr. Gerüchte können aber nicht nur uns, sondern auch die Arbeit für Gott gefährden.

Unsere öffentlichen Stellungnahmen beziehen sich meistens auf diesen Punkt. Ohne uns unseres eigenen Ichs bewußt zu werden, verteidigen wir die Sache Gottes, obwohl wir im Grunde genommen nur um unsere Ehre besorgt sind. An einem solchen Punkt sollten wir uns fragen, wen oder was wir so eifrig verteidigen. Wir dürfen nicht die Maßstäbe verrücken.

Gerade eine Behauptung ist für Nehemia besonders schädlich, daß er Propheten bestellt habe, die ihn zum König ausrufen sollen (6,7). Seit Samuel war es Tradition in Israel, daß Gott durch Propheten Könige ernannte. Oft wurde ein König schon lange vor seiner Krönung gesalbt. Die Salbung war Garantie, daß der Gesalbte irgendwann sein Amt wirklich antreten würde.

Die politische Gefahr lag in der Möglichkeit, daß die Gerüchte Susa erreichen und Artaxerxes' Zorn heraufbeschwören. Nehemia hätte nach Susa gehen können, um falsche Gerüchte zu widerlegen. Dabei wäre er jedoch monatelang in Jerusalem abwesend. Möglicherweise wäre er nie zurückgekehrt. Die Stadttore wären nicht eingehängt worden. Ohne starke, sorgfältig installierte Tore wäre der gesamte Mauerbau jedoch vergeblich gewesen. Nehemia entschied sich, dazubleiben und die Tore einzuhängen. Wegen der Gerüchte sendet er aber eine Botschaft, vermutlich auch eine offene, in der er Sanballats Behauptungen nachdrücklich zurückweist. „Solches ist nicht geschehen, was du sagst; du hast es aus deinem Herzen erdacht" (6,8). Nehemia merkte, daß Sanballat ihn furchtsam machen wollte, damit er den Bau verläßt (6,9). Indem er Gott um Kraft bittet, wendet er sich erneut seiner Arbeit zu.

Unter Christen gibt es viel verleumderisches Geschwätz über Leiter. Wer in der Gemeinde Jesu Verantwortung trägt, wird unvermeidlich Opfer solchen Geschwätzes. Verantwortliche müssen ständig überlegen, was sie gegen falsche Anschuldigungen unternehmen sollen.

Es wäre einfach für den Verantwortlichen, wenn er prinzipiell auf Richtigstellungen von öffentlichen Meinungen verzichten könnte. Manchmal ist dies jedoch notwendig. Wenn christliche Leiter Irrlehren verbreiten oder in Sünde leben, kann es notwendig sein, vor den Irrlehren zu warnen und die Namen derjenigen zu nennen, welche sie verbreiten, und ihre Sünden zu verurteilen, falls diese öffentlich bekannt sind. Das ist deshalb notwendig, weil die Gemeinde geschützt werden muß.

Dabei dürfen wir uns jedoch nicht auf Gerüchte stützen, sondern nur auf nachweisbare Tatsachen. Zitate müssen stimmen. Erstes Ziel einer derartigen Maßnahme darf nicht sein, den betreffenden Verantwortlichen in schlechten Ruf zu bringen, obwohl dies nicht immer vermeidbar ist. Ein Bruder oder eine Schwester, die davon betroffen sind, müssen wieder liebevoll aufgerichtet werden, wenn dies möglich ist. Wir sollten immer ihr Bestes suchen.

Leider ist das meiste Geschwätz in christlichen Kreisen unwahr und von Rachegedanken motiviert. Allzu oft erwächst solches Geschwätz aus Stolz, verachtet den Nächsten, und gründet sich auf dumme Vorurteile und Mißverständnisse. Wie soll ein Leiter auf Verleumdungen reagieren?

Nichts kann Menschen zorniger machen als Verleumdungen. Zorn kann das Urteilsvermögen beeinträchtigen und zu unkontrollierten Handlungen führen. Deshalb sollte man bei Verleumdungen in jedem Fall bedachtsam reagieren. Was mag den bewegen, der ein falsches Gerücht über mich verbreitet? Will er mich von meinem Ziel abbringen? Christen verbrauchen oft viel zu viel Kraft im Kampf gegeneinander und vergessen dabei, daß sie eigentlich gegen die Mächte der Finsternis kämpfen sollten.

Satan möchte die Gemeinde spalten. Trotzdem ist es nicht falsch, sich gegen Verleumdungen zu verteidigen. – Große Gottesmänner haben dennoch oft darauf verzichtet, sich zu verteidigen. – Verleumdungen treffen am empfindlichsten, wenn sie neben Unwahrem auch Wahres enthalten. In einem solchen Fall ist es sehr schwierig, zu reagieren. Es ist dann viel eher möglich, daß man vom Ziel abgelenkt wird.

Manchmal ist es notwendig, klare Schritte gegen Verleumdungen zu unternehmen. Wir dürfen uns aber nicht in Rechtfertigungen verlieren und so den Blick für unser Ziel verlieren. Schaden, den wir durch Verleumdungen erleiden, kann kaum durch uns wiedergutgemacht werden. Gott allein kann erlittene Ungerechtigkeit rächen.

Nehemia reagiert klug auf die falschen Behauptungen. Es bleibt ihm nichts anderes übrig, als sich zu rechtfertigen. Dabei verschwendet er jedoch keine Zeit. Er durchschaut die wahre Absicht der Verleumdungen (Entmutigung), reagiert angemessen und baut weiter. So sollen auch wir handeln.

Falsche Prophezeiungen

Der letzte Angiff auf Nehemia soll ihn vor seinen eigenen Leuten in Mißkredit bringen und damit ihre Moral untergraben. Nehemia trifft auf einen Propheten namens Semaja (6,10). Aufgrund des Textes gewinnt man den Eindruck, daß Semaja um diese Zusammenkunft gebeten hat. Er ist aus unerfindlichen Gründen an sein Haus gebunden. Spätere Ereignisse weisen darauf hin, daß dies ein Vorwand ist, um Nehemia in sein Haus zu bekommen. Nehemias Besuch bleibt nicht unbemerkt. Die Leute fragen sich, warum Nehemia einen Propheten um Rat fragt. Genau das will Semaja vermutlich erreichen.

Sobald Nehemia bei ihm eintrifft, teilt er ihm mit, daß ein Attentat droht. Er schlägt vor, im Tempel Schutz zu suchen. Er erweckt den Anschein, daß er eine göttliche Offenbarung gehabt hat. Damit will er seinen Worten göttliche Autorität verschaffen. Diese Worte haben eine besondere dichterische Form, das Couplet. Diese Form wurde gebraucht, um Prophezeiungen kundzutun.

Diejenigen, die heutzutage als geistliche Autoritäten erscheinen möchten, gebrauchen am liebsten die Sprache der Lutherbibel; sie können ihre Adressaten damit am ehesten beeindrucken. Für Semaja war das Couplet das Mittel, um seiner falschen Prophetie den Eindruck von Echtheit zu verschaffen. Wenn du nicht an Prophetie glaubst, erscheinen dir solche Sprachformen lächerlich. Wenn du aber an Prophetie glaubst, dann kann eine Prophezeiung durch eine besondere sprachliche Form viel beeindruckender wirken. Wenn ein Prophet zu dir kommt und dir in dichterischen Worten mitteilt, daß Gott ihm deinen nahen Tod angezeigt habe, dann wird dich mit Sicherheit Angst ergreifen – zumal du von dieser Bedrohung schon von anderer Seite gehört hast.

Warum ignoriert Nehemia diese Warnung? Warum kann er die ganze Sache durchschauen? Wodurch kann er falsche Prophetie von wahrer unterscheiden?

„Sollte ein solcher Mann, wie ich bin, fliehen", fragt er (6,11). Mit dieser Frage will er sich nicht wichtig machen. Er weiß, wenn er Feigheit zeigt, wird die Moral bei den Juden untergraben. Er ist auf der Hut. Seine zweite Frage zeigt, daß er die Angelegenheit durchschaut: „Sollte ein solcher Mann, wie ich bin, in den Tempel gehen, daß er lebendig bleibe? Ich will nicht hineingehen" (6,11). Nehemia ist weder Priester noch Levit. Wenn er sich im Tempel versteckte, würde er ihn entweihen, selbst dann, wenn er damit sein Leben retten wollte. Offenbarungen, die von Gott kommen, widersprechen nie seinem vorher gegebenen Wort. Nehemia weiß, daß es falsche Propheten gibt, die ihn abschrecken wollen, „...die Prophetin Noadja und die anderen Propheten, die mich wollten abschrecken" (6,14).

Nehemia kommen auch einige seiner Gewohnheiten zur Hilfe. Mittlerweile hat er sich an Widerstand gewöhnt. Deshalb stellt er ganz automatisch die richtigen Fragen: „Wo kommt dieses her? Wenn nicht von Gott, von wem dann? Welches Motiv steckt dahinter?" Durch diese Fragen bringt er Licht in die Angelegenheit. „Denn ich merkte, daß ihn Gott nicht gesandt hatte. Denn er sagte wohl Weissagung auf mich; aber Tobia und Sanballat hatten ihm Geld gegeben." Warum hatten Tobia und Sanballat dies getan? „... auf daß ich mich fürchten sollte und also tun und sündigen" (6,12-13). Er bringt die Sache im Gebet vor Gott (6,14) und überwacht weiterhin den Einbau der Tore.

Wenn wir Arbeit für Gott tun, müssen wir genauso handeln. Angst darf keinen Raum bekommen. Wärend meines ersten Jahres in der Universität waren einige von uns der Meinung, daß wir selbst zeugen und predigen sollten, statt bekannte und geschulte Redner einzuladen. Als wir die erste Versammlung ohne auswärtigen Redner planten, erfuhren wir, daß einige Raudis sie verhindern wollten. Trotz unserer Angst fuhren wir mit den Vorbereitungen fort. Die Versammlung war gut besucht. Die Raudis kamen auch. Die Studenten, die predigten, waren nervös. Jedoch herrschten Ruhe und Ordnung, denn Gott hielt seine bewahrende Hand über der Versammlung.

Zehn Jahre später, an der San Marcos University in Lima, Peru, war die Atmosphäre geladener. Samuel Escobar, Pedro Arana und andere zeigten den Film „Martin Luther". Sie wollten damit nicht Reklame für den Protestantismus machen, sondern den Studenten das Evangelium von Christus bringen. Die Studenten interessierten Fragen des Protestantismus und Katholizismus jedoch nicht, weil sie meistenteils linksgerichtet waren und kein Interesse an Christentum jeglicher Art hatten. Das wurde in der anschließenden Diskussion deutlich. Die Situation wurde brenzlig und eine Schlägerei konnte gerade noch verhindert werden.

Daß es so kommen würde, hätte man im Grunde genommen schon vorher wissen müssen. Man hätte sich denken können, daß provokative Filme, die in einer spannungsgeladenen Umgebung gezeigt werden, zu nichts führen. Die christlichen Studenten wußten jedoch, daß sie einen Auftrag zur Mission hatten, und nachdem sie die Risiken sorgfältig abgewogen hatten, machten sie entschlossen weiter. Wir dürfen niemals angesichts drohender Gefahr Gott und seinem Auftrag untreu werden. Es gibt normale Risiken für einen Christen – Verwundung und Tod. Diese Risiken sollte er aber nicht bewußt suchen. Selbst an Universitäten gab es in der Vergangenheit Märtyrertum. Es ist nicht auszuschließen, daß es derartiges auch in Zukunft geben wird.

Wir bleiben trotz dieser Risiken an unseren Auftrag gebunden. Wenn man für Christen in den Tod gehen muß, so ist das kein Zeichen für Versagen. Versagen liegt nur dort vor, wo eine Aufgabe unerfüllt bleibt. Das war auch Nehemias Einstellung.

Deshalb wird die Mauer fertig. Mit einer übermenschlichen Anstrengung wird Jerusalem innerhalb von 52 Tagen von einer Ansiedlung weniger mutloser Juden in eine starke Festung verwandelt

(6,15). Die Gegner müssen einsehen, daß Gott die ganze Zeit hinter seinem Werk stand. Sie haben nicht gegen Nehemia, sondern gegen den Gott Nehemias gekämpft. Nehemia sagt uns nichts darüber, was er empfand, als die Mauer fertig war. Aus seinen Worten spürt man trotzdem die Freude über seinen großen Triumph. Der Streß ist vollkommen vergessen, als Nehemia mit seinen Leuten über die Mauer schlendert oder sie von außerhalb der Stadt betrachtet. Ihre Augen werden geleuchtet und ihre Herzen werden höher geschlagen haben. Die Mauern werden für sie ein ganzes Leben lang Zeichen des Mutes gewesen sein.

Wir dürfen niemals die Belastungen fürchten, die der Gehorsam gegen Christus mit sich bringt. Es wird nicht ausbleiben, daß wir uns plagen müssen, aber wir werden nicht daran zugrunde gehen. Manchmal werden wir ratlos sein, aber wir werden nicht verzweifeln; wir werden verfolgt werden, aber dabei nicht verlassen sein; wir werden angegriffen, aber nicht besiegt werden (2.Kor. 4,8-9). Wir sollen Lasten tragen; wir sollen Lasten jedoch nicht kleiner machen. Wenn wir wie Jesus in Demut wandeln, dann werden selbstsüchtige Begierden, Hochmut und Stolz bei uns nicht zum Zuge kommen (Matth.11,28-30).

Es wäre schön für Nehemia gewesen, wenn mit Vollendung der Mauer sämtlicher Widerstand für alle Zeiten überwunden gewesen wäre. Wir werden jedoch eines anderen belehrt. Sein Auftrag von Gott umfaßte mehr, als nur die Wiederherstellung der Verteidigungsfähigkeit von Jerusalem. Der Bau der Mauer war nur ein erster Schritt zum Wiederaufbau einer ganzen Nation. Zusammen mit Esra legte Nehemia Grundlagen zu Reformen, die über einen Zeitraum von mehr als vier Jahrhunderten Auswirkungen hatten – bis zum Kommen Christi.

Der Widerstand würde niemehr derselbe sein. Er würde andere, weniger offene Formen annehmen, ohne jedoch seine Schädlichkeit zu verlieren. Er würde eher von „Freunden“ als von Feinden kommen. Seine Anfänge waren bereits spürbar. Tobia, ein schlauer Kopf, war bereits dabei, sich eine einflußreiche Stellung in der jüdischen Gemeinde aufzubauen. Er hatte gemerkt, daß Nehemia gekommen war, um zu bleiben. Seine Verbindungen mit Sanballat stehen seinen Absichten noch entgegen; deshalb stellt er seine verwandschaftlichen Beziehungen zu den Juden besonders heraus. Er bemüht sich eifrig, gute Beziehungen zu Nehemia herzustellen. An anderer Stelle werden wir uns noch näher mit Tobia beschäftigen.

Eine Mutprobe

Ich möchte dieses Kapitel nicht beschließen, ohne noch einmal auf Nehemias Mut einzugehen. „Sollte ein Mann wie ich fliehen“ (6,11)? Diese Äußerung wurde vor vielen Jahrhunderten gemacht. Wie Nehemia leben wir in einer Zeit, in der Mut zu unseren Taten und Worten gehört. Es ist tröstlich, zu wissen, daß wahrer Mut nicht Abwesenheit von Angst bedeutet. Mut heißt, das zu tun, was Gott uns aufgetragen hat, auch wenn uns dabei Furcht ankommt und Gefahren drohen.

Solchen Mut hatte Nehemia. Lange bevor er in Jerusalem war, als er Artaxerxes seine Bitte vortragen mußte, bekannte er: „Ich aber fürchtete mich sehr“ (2,2). Er mußte wahrscheinlich noch oft in seinem Leben die Erfahrung von Furcht machen, jedoch hat er sich von Anfang an zur Gewohnheit gemacht, trotz Furcht voranzugehen. Von dem Augenblick an, als er vor Artaxerxes stand, wurde er Schüler in Gottes Schule des Mutes. Er schloß diese Schule mit großem Erfolg ab, als er Monate später erklären konnte, „sollte ein Mann wie ich fliehen?“ Es ist eine harte Schule. Tausende von Gottesmännern in allen Jahrhunderten mußten sie durchlaufen. In dieser Schule lernt man mit Widerstand, schwierigen Umständen, Einsamkeit, Mißverständnissen und Leiden fertig zu werden. Viele Schüler geben auf, weil ihnen die Ausbildung zu hart ist; dabei vergessen sie ihren Wert. Es gibt keine Aufnahmebedingungen. Jeder Christ kann in sie eintreten. Der Schulleiter selbst ist zu jeder Tages- und Nachtzeit bereit für Gespräche mit angehenden Schülern. Sie brauchen nur anzuklopfen, um sofort Gehör bei ihm zu finden.

Für einzelne oder Gruppen:

1. *Kennen Sie eine Situation, in der eine Arbeit zerfiel, nur weil der Leiter von der Bildfläche verschwand?*
2. *Wie kann man mit Belastungen fertig werden, denen man als Verantwortlicher in der Reichsgottesarbeit ausgesetzt ist?*
3. *Wann können Gerüchte und Geschwätz schädlich für einen Verantwortlichen und seine Pläne sein?*

4. *Wie soll man auf Verleumdungen reagieren?*
5. *Wie kann man feststellen, ob ein Rat, den uns andere geben, von Gott kommt oder nicht?*
6. *Mut heißt nicht Abwesenheit von Angst, sondern trotz Angst voran zu gehen. Wie sieht solche Angst aus? Wie können Sie trotz dieser Angst vorangehen?*

8. Der Verantwortliche und Erneuerung

Nehemia 8-9,1-5

Von Zeit zu Zeit werden Kirche und Welt durch Erweckungen in Erstaunen versetzt. Die Predigt spielt bei Erweckungen eine wichtige Rolle, jedoch ist unbestritten, daß der Heilige Geist ihr eigentlicher Motor ist.

Ein gutes Beispiel ist die Erweckung auf den Hebriden nordwestlich von Schottland während der vierziger Jahre. Als Donald Campbell, ein Reiseevangelist, in einer Kirche eine ziemlich normale Eröffnungsansprache gehalten hatte, stand ein Jugendlicher auf, um eine längere Predigt zu halten. Als er dann betete, fielen gestandene Männer und Frauen zu Boden und bekannten laut ihre Sünden. Das war der Beginn einer großen Erneuerung unter den Bewohnern der Hebriden. Fischer, die mit ihren Kuttern an der Insel vorüberfuhren, wurden derart von Sündenerkenntnis überwältigt, daß sie den Hafen ansteuerten, um in einer Kirche zu beichten. Ganze Belegschaften von Bergwerken mußten ihre Arbeit unterbrechen und konnten sie nicht eher fortführen, bis sie ihre Beziehung zu Gott in Ordnung gebracht hatten. Ereignisse dieser Art können nur erklärt werden, wenn man an übernatürliche Mächte glaubt.

Erweckung stößt bei Christen auf starkes Interesse. Charles Finney, ein Erweckungsprediger der USA, sagte, daß eine Erweckung immer Ergebnis inständigen, von Buße begleiteten, Gebetes sei. Andere Gottesmänner sagen, daß Erweckung niemals Ergebnis menschlicher Initiative sei, sondern stets eine Äußerung von Gottes Wirken. Etwas von den Eigenschaften von Erweckungen wird im achten Kapitel des Buches Nehemia beschrieben. Die dort geschilderte Erweckung hatte lang anhaltende Auswirkungen. Sie war Anlaß für viele wirkungsvolle Reformen. Wenn es auch nicht möglich ist, Erweckungen bis in das letzte Detail zu erklären, so kann man doch einiges aus dem achten und neunten Kapitel des Buches Nehemia über ihre Eigenschaften lernen. Dabei soll die Aufmerksamkeit besonders auf Wechselwirkungen zwischen menschlicher Leitung und Gottes Wirken gerichtet sein.

Anfänge einer Erneuerung

Was war der Grund, daß das Südreich Juda nach der Babylonischen Gefangenschaft überleben konnte? Warum ist es ihm anders ergangen als dem Nordreich, das wie ein Nebel verschwand? Eine kleine Gruppe Überlebender, die um Jerusalem herum angesiedelt war, wurde zu einem Volk, daß zweieinhalb Jahrtausende überlebte und bis heute eine wichtige Rolle in der Weltpolitik spielt. Nehemias Führerschaft trug zu dieser Entwicklung maßgeblich bei. Obwohl man ihn eher als Wiedererbauer der Mauern von Jerusalem kennt, liegt seine wahre Bedeutung jedoch darin, daß er eine Nation wiederhergestellt hat oder zumindest die Fundamente dazu legte.

Der Wiederaufbau hatte schon vor Nehemias Eintreffen in Jerusalem begonnen. Erste Einwanderer hatten Jahre vorher den Altar im Tempelbezirk wieder aufgebaut (Esra 3,3). Der wiedererbaute Tempel wurde im Jahre 520 vor Christus vollendet, 70 Jahre nach dem Fall von Jerusalem. 58 Jahre nach dem Wiederaufbau des Tempels und 13 Jahre bevor Nehemia nach Jerusalem kam, trat Esra, der Schriftgelehrte, auf.

Esra war ein Mensch mit ungewöhnlichen Interessen. Der Sinn seines Lebens bestand darin, die Schrift zu studieren und den Willen Gottes sowohl zu praktizieren als auch zu verkündigen. Er war ein Täter des Wortes (Esra 7,10). Das machte ihn zu einem außergewöhnlichen Menschen. Viele Lehrer des Wortes Gottes haben großes Wissen, daß sie mit großem Erfolg weitergeben können. Jedoch wollen sie nicht tun, was Gott in seinem Wort als seinen Willen kundtut.

Unter den zurückgekehrten Gefangenen waren tiefgreifende Reformen notwendig. Durch Esras Leben und Lehren und Nehemias Führerschaft nahmen diese Reformen Gestalt an. Die Bücher Esra und Nehemia geben die Kämpfe wieder, die mit diesen Reformen verbunden waren. Das achte Kapitel des Buches Nehemia bringt jedoch etwas Außergewöhliches, nämlich eine geistliche Erneuerung in seinem Volk. Wie sah diese Erneuerung aus? Wie konnte sie entstehen? Kann sie für uns heute noch Vorbild sein?

Die Menschen kamen am Wassertor zusammen, weil sie von Esra die Schrift ausgelegt haben wollten. Es handelte sich nicht um eine organisierte –, sondern um eine spontane Zusammenkunft. Wir finden in dem Bericht keine Gründe für das Entstehen dieser Versammlung. Vermutlich stand der Heilige Geist dahinter, wobei das Gebet keine geringe Rolle gespielt haben wird. Er hat wahrscheinlich Esra und Nehemia als Vorbilder gebraucht, um Hunger und Neugier zu wecken. Trotz ihrer Verschiedenheit hatten beide Männer eines gemeinsam: bedingungslosen Gehorsam gegenüber Gott und seinem Wort. Viele Bibelkenner widmen sich heute mit übertriebener Sorgfalt biblischen Detailfragen. Was uns fehlt, sind Lehrer, durch deren Leben die Macht Gottes erkennbar wird. Diese Eigenschaft verband auch zwei so verschiedene Menschen wie Esra, den Schriftgelehrten, und Nehemia, den Führer.

Wahrscheinlich hat die Tatsache, daß Gott seine Macht durch diese beiden Menschen zeigte, in den Leuten ein Verlangen geweckt, mehr über Gott zu erfahren. Ein Bild sagt mehr als tausend Worte. Nehemia hat durch sein Leben ein gewaltiges Beispiel von der Macht Gottes gegeben. Sein Leben war wie ein großes Bild, daß die Macht Gottes darstellt. Die Mauern waren ein Beweis dieser Macht. Nehemias bedingungsloser Gehorsam gegenüber Gottes Willen verband sich für die Leute mit dem Wunder des Wiederaufbaus der Mauer. Eine gewaltige Menge hat sich am Wassertor versammelt. Esra ist auch dort, vielleicht aus Gewohnheit. Die Menge bittet ihn, das Gesetzbuch Moses zu holen. Den Leuten ist wahrscheinlich aufgegangen, daß dieses Buch nicht nur etwas für Priester ist, sondern dem Wohl des ganzen Volkes dient.

Der Ort geistlichen Verstehens

In den ersten Versen von Kapitel acht wird mehrfach erwähnt, daß die Menschen vor dem Wassertor in der Lage waren, das Wort Gottes zu verstehen (8,2-3). Weiter wird berichtet, daß man Vorkehrungen traf,

„daß man verstand (sc. hörte), was gelesen ward" (8,8). Das ist wichtig. Das Volk reagierte nämlich stark emotional auf die Lesung. Sie begannen spontan zu weinen und zu klagen. „Und sie lasen im Gesetzbuch Moses klar und verständlich, daß man verstand, was gelesen ward. Und Nehemia, der da ist der Landpfleger, und Esra, der Priester, der Schriftgelehrte und die Leviten ... sprachen zu allem Volk: Dieser Tag ist heilig dem Herrn, eurem Gott; darum seid nicht traurig und weint nicht! Denn alles Volk weinte, da sie die Worte des Gesetzes hörten" (8,7-9). Haben wir hier ein Modell für geistliche Erneuerung?

Reaktionen des Publikums werden in heutigen Versammlungen von seinen Erwartungshaltungen, von Musik, vom Inhalt der Botschaft und den Fähigkeiten des Redners bestimmt. In Jerusalem war hingegen zweifellos das Verstehen der Menschen Voraussetzung für die stark emotionalen Reaktionen.

Man denke nur einmal an die Art, wie die Lesung organisiert war. Zu beiden Seiten Esras standen Leviten, die das, was Esra las, erklärten. Diese Anordnung erscheint uns heute ungeschickt. Die Menge war groß; deshalb hätten die Leviten, in regelmäßigen Abständen voneinander in der Menge verteilt, die Worte für die wiederholen können, die Esra nicht gut hören konnten. Sie sollten jedoch offensichtlich die Worte, welche Esra vorlas, erklären und auslegen.

Es wird ganz deutlich, daß der Heilige Geist das Verständnis der Menschen öffnete, woraufhin sie in der beschriebenen Weise reagierten. Eine andere mögliche Reaktion für ihre Erklärung wäre, daß Esra und Nehemia psychologische Mittel einsetzten, um das Volk zu manipulieren. Jedoch schließt die beschriebene Anordnung der Leviten den Einsatz solcher Mittel aus. Esra und Nehemia waren durch das Weinen der Menge betrübt. Sie und die Leviten versuchten, das Volk zu beruhigen. Sie weisen darauf hin, daß Freude der Situation angemessener ist als Trauer. Sie rufen das Volk auf, ein Fest zu feiern statt zu weinen, denn das Wort Gottes war wieder unter ihnen lebendig geworden. „Darum sprach er (sc. Nehemia) zu ihnen: Gehet hin und esset das Fette und trinket das Süße und sendet denen auch Teile, die nichts für sich bereitet haben; denn dieser Tag ist heilig unserem Herrn. Und bekümmert euch nicht; denn die Freude am Herrn ist eure Stärke" (8,10). Können Sie sich vorstellen, daß moderne Erweckungsprediger so reagieren wie Nehemia? Wenn man

Menschen bei Evangelisationen zum Weinen gebracht hat, meint man, schon am Ziel zu sein. Man ist heute vermutlich mehr an äußerlich sichtbaren Ergebnissen interessiert, als an inneren Veränderungen.

Unglücklicherweise sind wir heute in der Lage, Menschen in Versammlungen durch psychologische Techniken zum Weinen zu bringen. Wie man so etwas macht, habe ich in meinem Buch „Die goldene Kuh" beschrieben. Viele Prediger setzen psychologische Mittel ein, ohne es zu wissen. Es ist erhebend, wenn eine Versammlung durch die eigene Predigt emotional angesprochen wird. Dabei verfällt man leicht dem Irrtum, daß Gott am Werk sei. Nach solchen Versammlungen macht sich oft schnell wieder Gleichgültigkeit bei denen, die das Wort gehört haben, breit. Ein Grund dafür ist, daß nicht die Kraft Gottes, sondern psychologische Tricks gewirkt haben. Psychologische Manipulationen können keine bleibende geistliche Erneuerung bewirken. Das kann nur der Geist Gottes. Dieser kann aber auch nur dann wirken, wenn Menschen verstehen, was er sagt.

In der Regel setzen Prediger dann psychologische Mittel ein, wenn sie nicht mehr an die Kraft des Wortes Gottes glauben. Es ist unsere Aufgabe, das Wort Gottes verständlich zu machen. Wenn wir mehr Wert auf äußerlich sichtbare Erfolge legen, dann fangen wir an, diese Aufgabe zu vernachlässigen und uns auf unsere eigene Kraft zu verlassen. Das Ergebnis sind psychologische Manipulationen.

Umkehr folgt immer in Schritten, die eine feste Reihenfolge haben. Zuerst kommt das Verstehen, dann die Sündenerkenntnis – sie bleibt nicht ohne Emotionen – und zum Schluß die bewußte Entscheidung. Nicht immer ist jeder dieser Schritte deutlich sichtbar. Gewöhnlich bewirkt das Verstehen des Wortes Gottes Sündenerkenntnis. Wir fühlen uns schuldig und empfinden gleichzeitig große Freude über Gottes Vergeben. Ein gestörtes Gewissen führt zu Niedergeschlagenheit. Ein reines Gewissen führt dagegen zu innerer Harmonie.

Gefühle der Niedergeschlagenheit können zu bewußten Entscheidungen führen. Schrecken ist oft Auslöser zu Flucht oder Kampf. Gefühle sind oft Auslöser für bestimmte Handlungen. Das Wissen um Schuld (Verstehen und Schuldbewußtsein) führt zu Niedergeschlagenheit und Angst (Emotionen), was wiederum zu Buße und Glauben führt (bewußte Entscheidung).

Paulus kennt ebenfalls diese Reihenfolge. „...sondern meiden auch heimliche Schande ...fälschen auch nicht Gottes Wort; sondern mit

Offenbarung der Wahrheit beweisen wir uns wohl an aller Menschen Gewissen vor Gott“ (2. Kor. 4,2). Er machte Menschen mit der Wahrheit bekannt, so daß sich ihre Gewissen mit ihr auseinandersetzen mußten. Die weiteren Verse zeigen, daß Paulus weiß, daß der Kampf um das Verständnis des Wortes geistlich ist. Dies soll an anderer Stelle noch weiter ausgeführt werden. Zusammenfassend kann jetzt schon festgehalten werden, daß unsere Aufgabe darin besteht, zu informieren, zu lehren und zum Verständnis der Schrift zu verhelfen. Alles andere muß der Heilige Geist tun.

Intellektuelles Verstehen ist allein unvollständig. Psychoanalytiker sind sich dieser Tatsache bewußt. Sie kennen den Begriff Einsicht, eine besondere Art des Verstehens, die Bindungen löst und Leben weckt und verändert. Man kann etwas verstehen und dasselbe sogar in Worte fassen, ohne jedoch davon verändert zu werden. Viele Christen kaufen Bücher, in denen Geheimnisse des Glaubens „erklärt“ werden. Sie können diese Erklärungen wiederholen und sich zu ihnen bekennen und trotzdem keine Veränderungen ihres Lebens erfahren. Woher kommt aber dann wahres geistliches Verstehen?

Ehrfurcht und Respekt sind Haltungen, ohne die geistliches Verstehen nicht erfolgen kann. Die Leute am Wassertor hatten ein Verlangen nach Erkenntnis. Für sie waren Esra und Nehemia Menschen, die mehr wußten als sie. Sie merkten, daß die Worte, die Esra vorlas, Kraft enthielten. Ihr Gott war der Herr, der Himmel und Erde gemacht hatte. Ihre Ehrfurcht vor diesem Gott und seinen Worten war die Folge ihres Zusammenseins mit Esra und Nehemia.

Sie stehen auf als Esra die Schriftrolle öffnet und bezeugen so ihren Respekt. Nach dem Gebet Esras heben sie ihre Hände und rufen laut „Amen“. Dann beugen sie sich nieder, so daß ihre Gesichter die Erde berühren (8,5-6). Sie fühlen, daß Gott gegenwärtig ist und warten, daß er zu ihnen redet. Respekt und Ehrfurcht schaffen bei ihnen wie bei uns die Voraussetzung, zu verstehen, was Gott zu sagen hat. Respekt vor dem Wort Gottes ist jedoch wertlos, wenn er nicht der Ehrfurcht vor dem Gott entspringt, der sie eingegeben hat.

Woher kommt ihre Niedergeschlagenheit? Vielleicht war es die Erkenntnis, wie weit sie sich von Gottes Willen entfernt hatten. Ihre Trauer ist eine echte Trauer über ihre Versäumnisse. Wir haben es hier nicht mit einer Form des Selbstmitleids zu tun, denn Selbstmitleid kann sich nicht so schnell in Freude verwandeln. Esra und Nehemia rufen die Leute erfolgreich auf, sich zu freuen. Echte Trauer über Sünde hat immer Freude zur Folge, denn sie wird immer durch einen Gott der Gnade und der Erlösung hervorgerufen. „Und alles Volk ging hin, daß es äße, tränke und Teile sendete und eine große Freude machte; denn sie hatten die Worte verstanden, die man ihnen hatte kundgetan" (8,12).

Die Folgen der Erneuerung

Die Erneuerung begann, als die Männer und Frauen zusammenbrachen und über ihren Ungehorsam weinten. Daraufhin entsteht beim ganzen Volk ein Verlangen nach Reformen. Die Reihenfolge ist bedeutsam – Reformen nach geistlicher Erneuerung. Buße und Erneuerung des Lebens haben immer Reformen zur Folge.

Eine Folge echter Erneuerung ist verstärktes Interesse an der Heiligen Schrift. Wiedergeborene Menschen lesen gern die Bibel. Wiedergeburt verändert das Leben von Menschen und Gesellschaften. Ob eine geistliche Erneuerung echt ist, kann man daran erkennen, ob sie zu Reformen führt. Religiöse Begeisterung allein bringt keine positiven gesellschaftlichen Veränderungen. Diese können nur durch wahre Wiedergeburt erfolgen.

Die unmittelbaren Auswirkungen auf Jerusalem sind dramatisch, scheinen aber auf den ersten Blick nicht allzu bedeutsam zu sein. Das Volk zeigt plötzlich Interesse am Laubhüttenfest (8,13-17). Die Ursprünge dieses Festes gehen zurück bis in die Zeit, als Israel in das verheißene Land zog. Das Fest sollte die Juden beständig daran erinnern, daß ihre Vorfahren in der Wüste in Zelten gelebt hatten. Nachdem sie das gelobte Land in Besitz genommen hatten, sollten sie jedes Jahr zur Zeit der Ernte Hütten aus Zweigen und Palmblättern bauen und eine Woche darin wohnen (3. Mose 23,33-43).

Dies war ihre Form des Erntedankfestes. Indem sie eine alte Lebensform annahmen und dabei neue Früchte genossen, machten sie den Gegensatz zwischen Vergangenem und Gegenwärtigem deutlich. So machte man sich bewußt, daß man von Gott abhängig war, und wurde so wieder neu dankbar.

Das Laubhüttenfest war zugleich Fest und Ritual. In Nehemias Zeit stellte es dem Volk seine Geschichte neu vor Augen; es wurde damit auf ihre Herkunft und Identität hingewiesen. Es diente der Hebung der Moral und erneuerte ihre Würde als Volk.

Die Zeremonie war jedoch nicht einziger Bestandteil der Reform. Esra fuhr fort, jeden Tag während des Laubhüttenfestes aus der Schriftrolle zu lesen. Als das Fest vorbei war, drei Wochen nach der ersten Schriftlesung am Wassertor, hielt das Volk eine feierliche Versammlung „mit Fasten und Säcken und Erde auf ihnen" (9,1).

Fastend, wie Nehemia in Susa, in Sack und Asche trauernd, versammeln sie sich, um Weisung von Gott zu erhalten. Ein neues Bewußtsein war unter ihnen aufgekommen. Sie wußten nicht nur wieder neu, daß sie Volk Gottes waren, sondern auch, daß Gott ihr Herr war. Geschichte Israels war für sie wieder Geschichte des Wirkens Gottes, so wie es die Propheten immer wieder dargestellt haben.

Nach mehreren Stunden der Schriftlesung folgen mehrere Stunden hingebungsvollen Betens (9,3). Der Bericht von diesem Gebet ist beeindruckend. Seit Salomos Tempelweihegebet hat es ein solches öffentliches Gebet nicht mehr gegeben (9,5-38 und 2. Chron. 6,12-42). Das Gebet mündet in einen gemeinsamen verbindlichen Entschluß, das Gesetz Moses zu befolgen; er wird von Nehemia, den Priestern und den Leviten unterschrieben und vom Volk gutgeheißen. Für den Fall der Nichtbeachtung wollen sie verflucht sein (10,1-29). Sie bekennen konkrete Sünden und verpflichten sich, diese sofort in Ordnung zu bringen (10,30-39).

Die Nation hat eine Wiedergeburt erlebt. Das Wirken des Geistes Gottes bewirkte Erneuerung unter den Juden. Sie gehen nun einen Weg, der ihrer Bestimmung als Volk gemäß ist.

Nehemia und Esra hatten diese Reform nicht aus eigener Kraft zustandegebracht. Sie lebten jedoch als Männer Gottes und des Wortes und schufen damit ein Klima, in dem Erneuerung und Reformen entstehen konnten. Es war ihnen vergönnt, diese Erneuerung selbst zu erleben. Sie bestimmten ethische Normen, die über 400 Jahre lang Gültigkeit hatten.

Für einzelne oder Gruppen:

1. *Was bedeutet für Sie der Begriff „Geistliche Erneuerung"?*
2. *Was kann geistliche Erneuerung auslösen?*
3. *Nehemia 8 und 9 machen deutlich, daß Verstehen zu Erweckung führt. Ist das ein generelles Modell für Erweckung? Begründen Sie ihre Antwort.*

4. *Welchen Wert hat Verständlichkeit in der Verkündigung christlichen Glaubens? (Verkündigung in Kirchen und außerhalb von Kirchen, zu Christen und Nichtchristen, in Radio und Fernsehen)*
5. *Was ist das Ergebnis echter Erweckung?*
6. *Können Sie Zeichen von Erweckung in ihrer Umgebung feststellen? Wenn ja, welche? Wenn nein, warum nicht?*

9. Beharrlichkeit in der Verantwortung für Gott

Nehemia 13

Ein Langstreckenläufer weiß, daß die letzte Runde eines Laufes anstrengender ist als alle anderen Runden zusammen. Deshalb ist sie die wichtigste Runde des Laufes überhaupt. Sie fordert das Letzte vom Läufer; in ihr zeigt er, was wirklich in ihm steckt.

Die letzte Runde unseres Lebens ist das Alter. Irgendwann müssen alle von uns diese Runde einschlagen. Schon zu Beginn des Rennens soll man sich auf diese Runde vorbereiten. Gute Läufer haben während des ganzen Rennens die letzte Runde im Kopf; sie wissen, was in dieser Runde ihnen abverlangt wird.

Körperlich kann die letzte Runde unseres Lebens beschwerlich sein. Die Kräfte lassen nach. Gelenke werden steif, Haare und Zähne fallen aus, die Haut wird faltig und der ganze Körper unansehnlich. Das Gedächtnis läßt nach und spielt uns manchmal Streiche.

Gesellschaftlich, geistig und geistlich kann das Alter noch größere Probleme mit sich bringen. Auf der Straße wird man gleichgültig behandelt. Anreden wie „Opa", „Mütterchen" oder gar „Gruftis" zeigen alten Menschen brutal, daß sie nicht mehr ernst genommen werden.

Jung im Glauben sein kann bedeuten, daß man in seinen Bemühungen ermutigt wird und viel Beifall erhält. Wer im Glauben alt geworden ist, wird in der Regel kaum noch beachtet.

Ich kenne einen ehemals international bekannten Missionar, der als Pflegefall einsam und vergessen in einem Heim verbringt. Er muß damit fertig werden, denn sein Leben ist noch nicht zu Ende. Wieviel Kraft investieren wir in unseren Lauf, wenn nur noch Christus unter den Zuschauern übriggeblieben ist? Für ihn hat gerade die letzte Runde unseres Glaubenslebens die größte Bedeutung.

Wir müssen deshalb unser Alter anders sehen, als die Gesellschaft. Trotz körperlicher Schwachheit und geistiger Müdigkeit dürfen wir uns nicht zur Ruhe setzen. Das Rennen muß bis zum Ende durchgehalten werden.

Alter wurde nicht immer verachtet. In den meisten Kulturen und in den meisten Epochen der Geschichte war es mit Ansehen und Würde verbunden. Heute verkehrt sich dies immer mehr in das Gegenteil. Vor einigen Jahren löste ein Bericht des *Time* Magazine über einen Besuch Nixons beim alternden Nikita Chruschtschow starke Betroffenheit bei mir aus. Ihr erstes Zusammentreffen in Rußland – es wurde in die ganze Welt übertragen – wurde als „Küchendebatte" berühmt. Ich sehe noch heute, wie Nixons Zeigefinger immer wieder Chruschtschows Brustkorb berührte. Nixon war Präsident der mächtigsten Nation der Welt geworden, während Chruschtschow keine Macht mehr hatte. Er lebte einsam und zurückgezogen in einer engen Wohnung. Der Herrscher über den zweitmächtigsten Staat der Welt war zu einem vergessenen Niemand geworden. Man hatte den Leitwolf aus dem Rudel ausgestoßen.

In unserem Jahrhundert gab es einige Staatsmänner, die noch in hohem Alter Macht und Ansehen genossen und teilweise noch genießen. Charles de Gaulle, Konrad Adenauer, Deng Xiaoping und Ronald Reagan sind nur einige Beispiele dafür. Dies sind jedoch Ausnahmen. Manche Politiker werden allein durch das System bis zu ihrem Tode an der Spitze gehalten. Die letzte Runde unseres Lebens sieht normalerweise anders aus. Der Lohn im Himmel wird nicht nach Maßstäben verteilt, die auf der Erde gelten.

Was geschieht mit Verantwortlichen im Reiche Gottes, wenn sie alt werden? Wie werden ehemals angesehene Christen dann mit ihrem Leben fertig? Unterziehen sie sich weiterhin den Mühen ihres Laufs? Oder sind sie nur darauf bedacht, ihre Schwächen zu verdecken? Werden sie verschroben und engstirnig? Fangen sie an, gegen sich selbst nachsichtig zu werden? Leben sie nur noch in der Vergangenheit?

Bis zum Ende des Buches Nehemia kann man nichts über sein Alter finden. Vielleicht wurde er niemals das, was wir heute „alt" nennen. Der Nehemia des 13. Kapitels ist jedoch mit Sicherheit älter als der Nehemia vorhergehender Kapitel. Sein erster Aufenthalt in Jerusalem dauerte zwölf Jahre. Danach kehrte er nach Susa zurück und blieb dort einige Jahre – wie viele, wissen wir heute nicht. Nach dieser Zeit ging er wiederum nach Jerusalem, um seine zweite Amtszeit als Landpfleger anzutreten. Das 13. Kapitel bezieht sich auf diese Zeit.

Wenn man annimmt, daß er bei seinem ersten Kommen nach Jerusalem vierzig Jahre alt gewesen ist (er kann auch sieben bis acht Jahre jünger oder älter gewesen sein), kehrte er im Alter von 52 Jahren nach Susa zurück. Es vergingen einige Jahre, bevor er ein zweites Mal nach Jerusalem ging. Es ist daher anzunehmen, daß Nehemia in seiner zweiten Amtsperiode nicht mehr zu den Jüngsten gehörte. Seine in diesem Kapitel beschriebenen Reaktionen sind mehr als nur altersspezifische Reizbarkeit. Manche würden sagen, er ist jähzornig, hitzig und selbstherrlich geworden.

Wie alle andern Kapitel ist auch das letzte Kapitel in der ersten Person Singular geschrieben. Hier präsentiert sich ein Verantwortlicher in fortgeschrittenem Alter. Wie in keinem anderen Kapitel kommt hier seine Bedachtheit zum Vorschein. Trotzdem hat sich die Entschlossenheit, die er in jüngeren Jahren zeigte, erhalten. Man braucht nur einige Verben aus dem 13. Kapitel aufzuführen, um dies zu begründen: „Ich warf hinaus (V. 8)... Ich ordnete an (V. 9)... Ich schalt (V. 11)... Ich versammelte sie (V. 11)... Ich setzte sie über (V. 13)... Ich zeugte wider sie (V. 15)... Ich befahl (V. 19)... Ich zeigte wider sie (V. 21)... Ich schalt...verfluchte...riß ihnen die Haare aus... Ich nahm einen Eid von ihnen (V. 25)... Ich jagte ihn von mir (V. 28)... Ich reinigte (V. 30).

Als er nach Jerusalem zurückkehrt, muß er feststellen, daß seine anfänglich so erfolgreichen Reformen nicht aufrechterhalten wurden. Die feierlichen Versprechen von damals waren in Vergessenheit geraten. Tobias Einfluß auf den Hohenpriester hatte zu offener Tempelentheiligung geführt (13,4-5). Tempeldienst hatte für die Leviten nur noch die Bedeutung, daß sie damit ihren Lebensunterhalt verdienen konnten (13,10). Der Sabbat wurde durch Geschäfte entheiligt, die Vermischung mit anderen Völkern drohte das jüdische Volk zu zersetzen (13,23).

Mut zum Handeln

Leute, die Verantwortung für Gott tragen, erfahren Widerstand von außen und aus den eigenen Reihen. Dabei ist es besonders schmerzhaft, wenn man von sogenannten Brüdern bewundert wird. „Auch mein Freund, dem ich vertraute, der mein Brot aß, tritt mich unter die Füße“, sagt David in großem Schmerz (Ps. 41,10). Jesus gebraucht die gleichen Worte (Joh. 13,18). Seine Liebe zu Judas war offen und echt. Verrat aus den eigenen Reihen ist schmerzvoller als alle feindlichen Angriffe.

Deshalb bereitet Eljasib, der Hohepriester, Nehemia größere Sorgen als Tobia, der Ammoniter. Tobia gehörte zu Nehemias alten Feinden. Er und Sanballat hatten ihn verspottet und bekämpft (2,10; 19,4; 3,7; 6,1; 14). Als Nehemias Erfolg jedoch immer mehr zunahm, änderte er seine Strategie (6,17-19). Er versuchte, sich allmählich mit einflußreichen Persönlichkeiten in Jerusalem anzufreunden. Es ist nicht unwahrscheinlich, daß er sich sogar bemüht hat, in das jüdische Volk aufgenommen zu werden. Sein Name gibt Anlaß zu dieser Vermutung. Seine Rassenzugehörigkeit war jedoch ein unüberbrückbares Hindernis für eine Integration. Es war ihm trotzdem gelungen, sich durch Einheiraten eine einflußreiche Position zu erwerben (6,18; 13,4). Hier wird ein Problem angeschnitten, das sich Verantwortlichen in der Arbeit am Reiche Gottes stellt: verwandtschaftliche Verbindungen können disziplinarische Entscheidungen ungemein erschweren.

Mit Tobia fertig zu werden, war für Nehemia mittlerweile kein Problem mehr. Die eigentliche Schwierigkeit lag bei Eljasib, dem Hohenpriester. Zwar hatte Tobia großen Einfluß auf ihn. Dennoch war er ganz allein dafür verantwortlich, daß Tobia einen eigenen Raum im Tempel reserviert bekam. „Und ich merkte, daß nicht gut war, was Eljasib an Tobia getan hatte, da er ihm eine Kammer machte im Hofe am Hause Gottes“ (13,7). Nehemia mußte nun Maßnahmen ergreifen, für die Eljasib der Mut fehlte.

Nehemia geht mit Härte vor. Er wirft Gegenstände, die Tobia gehören, aus dem Tempel und ordnet eine rituelle Reinigung der Räume an, welche Tobia bewohnt hat (13,8-9). Nehemias Aktion richtet sich scheinbar hauptsächlich gegen Tobia. Der eigentliche Adressat ist für ihn jedoch Eljasib.

Eljasib hat die Aufsicht über den Tempel. „Er war gesetzt über die Kammer am Hause unseres Gottes“ (13,4). Spannungen zwischen Vertretern staatlicher und religiöser Autoritäten hat es schon immer gegeben. Ein anderer Priester hätte vielleicht folgendes zu Nehemia gesagt: „Ich kann zwar deine Abneigung gegen Tobia verstehen, aber du hast kein Recht, dich in meine Angelegenheiten einzumischen. Insbesondere möchte ich darauf hinweisen, das Reinigungsrituale durch mich und keinen anderen angeordnet werden. Verlasse bitte dieses Haus." Wir wissen nicht, wie Eljasib reagiert hat. Nehemia war sich der politischen Konsequenzen seiner Handlungen durchaus bewußt. Für Tobia waren sie ein verkraftbarer Rückschlag. Für Eljasib bedeuteten sie jedoch öffentliche Demütigung.

Nehemias rigoroses Vorgehen nimmt in gewisser Weise Jesu Tempelreinigung voraus. Seine gewaltsame Handlung scheint selbstherrlich zu sein. Nehemia war aufgebracht; dessen war er sich bewußt. Die ganze Angelegenheit war ihm äußerst unangenehm. Es erhebt sich hier die Frage, ob sein Unmut, der sich zweifellos gegen einen schweren Mißstand richtet, gerechtfertigt ist. Hätte er nicht mit mehr Diplomatie und Überlegung vorgehen können?

Diese Frage ist zweifellos strittig. Allgemein richtet unsere feige Scheu vor unangenehmen Situationen jedoch mehr Schaden an als die Reizbarkeit einiger christlicher Führer. Diese Reizbarkeit äußert sich meist nur in Worten. Sie verletzt, ohne zu helfen. Die Kirche ist weich, kompromißbereit und inkonsequent geworden. Disziplinierung muß immer aufbauend und liebevoll sein, aber sie muß auch *stattfinden*. Gemeindezucht ist das, was uns heute am meisten fehlt.

Zu den Eigenschaften, die an dem alten Nehemia zu loben sind, gehören sein Mut, seine Festigkeit und seine Entschlossenheit, unangenehme Dinge anzugehen und zu regeln. Die Art seines Vorgehens ist gerechtfertigt, wenn man es in den kulturellen Kontext stellt. Wer sind wir – die wir jegliches Unrecht, das in unserer Mitte geschieht, mit dem Mäntelchen der Liebe zudecken –, daß wir meinen, einen der wenigen Führer kritisieren zu dürfen, die nicht zögerten zu handeln, wenn die Heiligkeit des Tempels Gottes auf dem Spiel stand?

Unpopuläre Grundsätze

Nehemia blieb bis zu seinem Ende ein Führer, der unpopuläre Maßnahmen ergriff, wenn es nötig war. Unpopuläre Maßnahmen mußte er ergreifen, als sich der Tempeldienst immer mehr vom Gottesdienst entfernte. Der Raum, den Tobia eingenommen hatte, war der Ort, an dem das Einkommen der Leviten aufbewahrt wurde. Der Zehnte, zum Teil Unterhalt der Leviten, zum Teil Grundlage der Rituale, bestand hauptsächlich aus Korn, Öl und Wein. Wahrscheinlich gab es kaum öffentlichen Protest, als Tobia diese Räume bezog. Die meisten gaben den Zehnten nur widerwillig. Wenn es keinen Raum geben würde, wo der Zehnte aufbewahrt werden könnte, würde er auch bald nicht mehr eingenommen werden. Leute, die den Zehnten gewissenhaft gaben, werden sich etwas unwohl gefühlt haben, vielleicht haben sie sogar diesen Zustand kritisiert. Jedoch werden sie nicht darauf gedrungen haben, daß dieser Zustand beseitigt wird. Steuern mußten bezahlt werden. Der Zehnte war jedoch eine religiöse Angelegenheit und lästig für ein Volk, das nach wirtschaftlicher Unabhängigkeit strebte.

Die Einzigen, die eher auf einer Änderung dieser Situation bestanden haben werden, waren wohl die Leviten und die Priester, weil ihr Einkommen von dem Zehnten abhing.

Iljasib war zweifellos finanziell gesichert. Es wurden immer noch Opfer gebracht. Viele von den Leviten und Sängern mußten jedoch hungern. „Und ich erfuhr, daß der Leviten Teile ihnen nicht gegeben waren, derhalben die Leviten und Sänger, die das Geschäft des Amts ausrichten sollten, geflohen waren, ein jeglicher zu seinem Acker" (13,10). Sie vernachlässigten ihre Pflichten am Tempel, um sich auf ihren Feldern den Lebensunterhalt zu sichern.

Der Wiederaufbau der Nation war von einer besonderen Reihenfolge geprägt. Gott kam immer an erster Stelle. Zuerst wurde der Altar wieder aufgebaut, damit Opfer dargebracht werden konnten (Esra 3,3). Dann wurde der Tempel gebaut, noch bevor irgend ein Versuch gemacht wurde, die Mauern wieder aufzubauen; das Passahfest wurde ausgiebig gefeiert und Priester und Leviten zum Dienst gerufen (Esra 6,15-18). Die Juden waren kein gewöhnliches Volk. Sie waren das von Gott erwählte Volk, das aus der Knechtschaft geführt und mit Gottes Geboten versehen wurde.

Mit der Zeit werden gute Vorsätze vergessen, besonders dann, wenn sich allmählich Wohlstand einstellt. Sobald Nehemia dies merkt, handelt er. Er tadelt die Untreuen (13,11), führt den Zehnten wieder ein (13,12) und stellt verläßliche Leute zur Überwachung der Amtshandlungen ein (13,13).

Diese Aktivitäten sind um so bemerkenswerter, als Nehemia keinen persönlichen Nutzen aus ihnen ziehen konnte. Wir sind an Spendenaufrufe gewöhnt, die von Verantwortlichen der verschiedenen Glaubenswerke kommen. Diese Aufrufe kommen meist von Kassierern oder Vorsitzenden eines Bauausschusses oder Predigern. Daß sich aber ein Politiker für die finanzielle Sicherheit einer Glaubensgemeinschaft stark macht, ist höchst ungewöhnlich.

Wir haben es in diesem Bericht jedoch mit nichts anderem zu tun. Normalerweise hätte sich Eljasib dafür verantwortlich fühlen müssen, daß etwas unternommen wird. Der Tempel fiel in seinen Verantwortungsbereich. Ein reibungsloser Ablauf des Gottesdienstes hätte ihm Anerkennung eingebracht. Nehemia brachte es keinen Vorteil, daß er Gier und Selbstsucht anprangerte und wieder neu eine finanzielle Grundlage zur Durchführung der Gottesdienste schuf. Nehemias Grundsätze waren auch Gottes Grundsätze. Zu einer Zeit, in der Mut fehlte und man die Dinge einfach so laufen ließ wie sie liefen, übernahm er die Initiative und beseitigte die Mißstände. Er handelte nach Gottes Grundsätzen, wobei er keine Rücksicht auf die allgemeine Meinung und sein Ansehen nahm.

Bei Geldangelegenheiten sind Leiter wie Nehemia notwendig. Christliche Organisationen in der westlichen Welt sind meistens bedürfnisorientiert. Verantwortliche sehen Bedürfnisse und rufen Gemeinden zu gezielten Spenden auf. Die erfolgreichsten Spendenaufrufe basieren jedoch eher auf massenpsychologischen Kunstgriffen als auf Gottvertrauen. Solche Spendenaufrufe tragen kaum zum Bau des Reiches Gottes bei. Ansehen und Anerkennung dürfen nicht Mittelpunkt christlicher Arbeit sein. Im Zentrum steht immer der von Gott entfernte, in Sünden gebundene Mensch.

Das hier angesprochene Problem ist sehr vielschichtig. Ich habe es ausführlich in meinem Buch „Die goldene Kuh“ behandelt. Die Kirche muß sich wieder ihrer wahren Aufgabe bewußt werden. Sie besteht darin, Gott zu loben und Notleidende mit dem Wort Gottes und tatkräftiger Hilfe beizustehen. Wir brauchen Verantwortliche, die mit Geld so umgehen, wie Gott es will. Wer nach Gottes Willen handelt, erwirbt sich nicht immer Popularität.

Arbeit und Ruhe

Der Mammon ist ein unbarmherziger Begleiter im Reiche Gottes. Er zeigte sich damals auch unter den Jerusalemer Juden und zeigt sich heute unter den Christen des zwanzigsten Jahrhunderts. Ihm galt Nehemias größte Aufmerksamkeit, nachdem er wiederum nach Jerusalem zurückgekehrt war. Dabei zeigt er von neuem seine Fähigkeit, entschlossen zu handeln.

Der Sabbat wurde durch geschäftliche Aktivitäten entheiligt (13,15-18). Man hörte auch an diesem Tag nicht auf, die Keltern zu treten und die Esel zu beladen. Landwirtschaftliche Produkte wurden auch an diesem Tag nach Jerusalem gebracht. Kaufleute kamen aus Thyrus, um Fisch zu verkaufen.

Nehemia ist praktisch. Er hatte schon lange vorher dafür gesorgt, daß Jerusalem starke Tore hatte. Er ordnet an, daß die Tore am Vorabend des Sabbat geschlossen werden und erst wieder am Morgen nach dem Sabbat geöffnet werden dürfen. Um sicherzustellen, daß seine Anordnungen auch befolgt werden, postiert er seine Diener an den Toren. Die Händler blieben jedoch nicht fern, sondern versammelten sich während dieser Zeit vor den Toren, selbst bei Nacht, und warteten darauf, daß die Tore wieder geöffnet wurden (13, 20). Diese Gewohnheit konnte Nehemias Bemühungen rasch unterminieren. Deshalb unternimmt Nehemia weitere Schritte. Er setzt sich persönlich mit den Händlern auseinander. „Da zeugte ich wider sie und sprach zu ihnen: Warum bleibt ihr über Nacht um die Mauer? Werdet ihr's noch einmal tun, so will ich die Hand an euch legen. Von der Zeit an kamen sie des Sabbats nicht." Seine Drohung ist ernst gemeint, denn er reinigt bestimmte Leviten, damit sie die Tore am Sabbat ständig bewachen (13, 22).

Nehemia tritt hier wieder als Mann der Tat hervor. Tatkraft ist für Verantwortliche ein wichtiges Merkmal, darf jedoch nicht überbewertet werden und in sinnlose Aktivität ausarten. Taten, die zählen, sind solche, die mit Gottes Willen übereinstimmen. Esra war kein großer Aktivist. Dennoch hat er zu den großen Veränderungen im jüdischen Volk genausoviel beigetragen wie Nehemia.

Es ist mir wichtig, zu zeigen, daß Nehemia im Alter den gleichen Eifer besaß, der vormals die Juden zum Bau der Mauer bewegt hatte und der ihn trieb, gegen die Ausbeutung der Armen vorzugehen. Nehemia war kein Führer, der für kurze Zeit Begeisterung entfachte, die schnell wieder verschwand. Er blieb beständig bei seiner Aufgabe, ein ganzes Leben lang.

Es erhebt sich die Frage, welche Beziehungen sich zwischen Nehemias Maßnahmen zur Sabbatheiligung und unserer Zeit herstellen lassen. Wie zur Zeit Christi, neigen die Menschen heute dazu, nur den Buchstaben des Gesetzes zu beachten, nicht aber den tieferen Sinn. Jesus Christus erschloß uns diesen tieferen Sinn, als er sagte, daß der Sabbat um des Menschen willen gemacht worden sei (Mark. 2, 27). Die geschäftlichen Aktivitäten, welche Nehemia unterband, sind ein Beispiel für die menschliche Habgier, die uns der notwendigen Ruhe und Erholung beraubt. Ein Tag ist dazu ausersehen worden, damit wir unsere Kraft erneuern und unseren Geist ordnen können. Wenn dieser Tag Gegenstand theologischer Streitigkeiten wird, dann ist sein wahrer Zweck nicht verstanden worden. Sobald wir ihn zur Vermehrung unseres Gewinns mißbrauchen, zerstören wir uns selbst und verachten die Gnade Gottes.

Nehemia suchte das Wohl der Menschen. Seine Sorge galt besonders denen, die Keltern treten und Esel beladen mußten, um ihren Herren Gewinn zu bringen. Natürlich profitieren sie auch selbst von ihrer Arbeit. Arbeitgeber und Arbeitnehmer sollen wissen, daß der Mensch nicht vom Brot allein lebt.

Einmischung in Heiratsangelegenheiten

Weil Gott sagt, wie man zu leben hat, hat man Probleme mit ihm. Der Mensch läßt sich ungern Dinge vorschreiben. Verantwortliche in der Gemeindearbeit müssen oft heiße Eisen anfassen. Dazu gehören Ehe und Familienangelegenheiten, Kindererziehung, Sexualfragen und Selbstmord; dies sind auch die wichtigsten Probleme der Menschheit. In Gesellschaften, in denen allgemeine Werte im Widerspruch zu biblischen Werten stehen, müssen Christen mit Widerstand und möglicherweise auch Verfolgung rechnen, wenn sie für biblische Wahrheiten eintreten. Ein Pfarrer, der sagt, daß ein Selbstmord nach seinem Schriftverständnis den Verlust ewigen Lebens nach sich zieht, wird von den Eltern eines jungen Christen verurteilt werden, der Selbstmord begangen hat. Kirchen, die Wert auf Disziplin in sexuellen Angelegenheiten legen, werden wegen Einmischung in Privatangelegenheiten öffentlich kritisiert. Die westliche Gesellschaft mit ihrem Hang zu Autonomie und Selbstbestimmung lehnt in zunehmendem Maße kirchliche Autorität ab. Verantwortliche im Reiche Gottes brauchen deshalb Mut und Weisheit.

Heiraten ist ein großes Problem, das starke Führung erfordert. Nehemia, der versucht, jüdische Heiratspraktiken zu ändern, bekommt starke Vorwürfe zu hören. Jüdische Männer hatten sich Frauen aus den benachbarten heidnischen Völkern genommen, was Gott streng verboten hatte (13, 23). Esra hatte Jahre vorher das gleiche Problem (Esra 9, 1-2). Er ging weiter als Nehemia, als er Männer aufforderte, sich von ihren ausländischen Frauen zu trennen; diese wurden aus dem israelischen Volk ausgeschlossen, was für beide Seiten sehr schmerzvoll war (Esra 9, 12).

Der Bericht Esras gibt uns einen Eindruck von diesem Schmerz. Mehrere 100 Familien waren betroffen. Eine große weinende Menge hat sich um Esra versammelt, der mit ihnen weint. Esra ist offensichtlich kein gefühlloser Moralapostel; die Situation läßt ihn nicht unberührt (Esra 9, 3-4). Er sieht die Schuld des Volkes auch als seine eigene an (Esra 9, 5-15).

Durch Esras entschiedenes Handeln ist Nehemias Aufgabe vielleicht leichter. Er nimmt jedenfalls nicht die starke Position Esras ein. Sein Bericht zeigt, was auf dem Spiel stand. In beiden Fällen war die jüdische Identität durch Ungehorsam dem Gesetz gegenüber gefährdet. Nehemia hatte erkannt, daß die Hälfte aller Kinder aus Mischehen „asdodisch redete und nicht jüdisch reden konnten" (13, 24).

Kultur, Religion und nationale Identität hängen von der Sprache ab. Kinder, die nicht die Sprache ihres Vaters sprechen, werden vom Erbe ausgeschlossen. Kinder, die nur die Sprache ihrer Mutter sprechen, bekommen in der Regel nur die Kultur, die Wertvorstellungen, die Geschichte, die Traditionen und den Lebensstil ihrer Mutter mit.

Gerade wenn eine Nation wieder hergestellt wird, sind Mischehen gefährlich, weil sie die Identität dieser Nation bedrohen. Israel wäre ohne Nehemias Eingreifen ein Vielvölkerstaat geworden, wobei verschiedene Rassen und Kulturen zu einem neuen Volk verschmolzen wären. Damit hätte das Volk Israel, welches Gott zu seinem Volk auserwählt hatte, aufgehört zu existieren. Die Sprache wäre dabei ein wesentlicher Faktor gewesen.

Nehemia war sich dieser Tatsachen bewußt. Wenn seine Maßnahmen auch nicht so radikal wie Esras sind, so sind sie doch energisch genug. Er weist die Missetäter zurecht, schlägt einige von ihnen und packt sie bei den Haaren. Er nimmt Eltern einen Eid ab, keine

Mischehen mehr für ihre Kinder abzuschließen. Seine Worte sind für die Juden wie eine Tracht Prügel (13, 25-27).

Nehemias Maßnahmen sind nicht von der Art, die bei heutigen christlichen Kirchen gebräuchlich ist, um mit Unregelmäßigkeiten fertig zu werden. Das ist auch gut. Nehemias Vorgehensweise war der Kultur, in der er lebte, angepaßt. Er stellt die Missetäter öffentlich bloß. Seine öffentlichen Zurechtweisungen machen tatsächlichen und potentiellen Missetätern bewußt, daß sich Gesetzesübertretungen nicht lohnen.

Eine stark fortgeschrittene Krankheit hat hier eine einschneidende Behandlung notwendig gemacht. Nehemia ist, wie Esra vor ihm, entschlossen, die Medizin in voller Stärke anzuwenden. Obwohl harte Maßnahmen, wie er sie ergriff, umstritten sind, scheut er sich nicht, sie zu ergreifen; seine Verantwortung verpflichtet ihn dazu.

Wir haben es hier nicht mit einem allgemeingültigen Modell für christliche Heiratsangelegenheiten zu tun. Wir wissen, daß wir nicht Ungläubige heiraten sollen und eine Ehe nicht brechen dürfen. Ein christlicher Ehepartner soll sich in der Ehe wie ein Christ führen.

Hier sollen jedoch keine Eheprobleme erörtert werden. Gegenstand unserer Erörterungen ist die Frage, wie man eine Gemeinde oder christliche Gruppe nach Gottes Willen leiten kann. Laßt uns auf den alten, bewährten Nehemia blicken, der Gottes Maßstäbe vertritt, auch wenn ihm dies Unpopularität einbringt.

Inbrünstiges Beten

Das Buch Nehemia beginnt mit einem Gebet und endet mit einem Gebet. Nirgendwo bekommen wir besseren Einblick in sein Herz, als in seinen Gebeten. Seine kurzen Gebete, die man überall in seinem Bericht finden kann, erscheinen uns wegen ihrer Kürze weniger ergiebig. Man sucht in ihnen vergeblich tiefgründige Gedanken, die uns Bewunderung abfordern. Sie sind eher undurchdachte, schmerzvolle Hilferufe.

Eine Ursache für unsere Enttäuschung kann bei unserer Unwahrhaftigkeit gefunden werden. Darauf habe ich an anderer Stelle bereits hingewiesen. Nehemias Gebete sind nicht wie bei David kunstvolle literarische Gebilde – obwohl man bei David auch einige Bedenken anmelden könnte. Sie sind Schreie eines einsamen Mannes, der ganz normalen Schmerz empfindet. Wir achten manchmal ängstlich darauf, „gute", „geistliche" Gebete zu sprechen, und wagen dabei nicht, in die Tiefen unseres sündigen Herzens zu sehen. Wir sind von Nehemia unangenehm berührt, weil er das tut, was wir im Grunde genommen auch gerne tun würden – auszusprechen, was wir wirklich fühlen.

Worum bittet er eigentlich in den letzten vier Gebeten seines Berichtes (13, 14, 29, 31)? Er bittet Gott, zu *gedenken*. Dieses Wort prägt jedes der vier Gebete. Befürchtet er vielleicht, daß Gott vergeßlich ist? Oder ist er wie wir derart von seiner Bedeutungslosigkeit überzeugt, daß er Gott bittet, immer an ihn zu denken? Sein Problem ist nicht in erster Linie Gottes Charakter, sondern die Bedeutung seiner Person.

Wir sind damit nicht einverstanden, weil wir in seinen Gebeten auf seine guten Werke aufmerksam werden. „Gedenke, mein Gott, daran und tilge nicht aus meine Barmherzigkeit, die ich an meines Gottes Hause und an seinem Dienst getan habe" (13, 14)! Gründet er seine Hoffnung auf seine eigene Gerechtigkeit oder auf seine Werke? Das ist unwahrscheinlich, wenn man an das Gebet im ersten Kapitel denkt. Selbst an diesem Punkt seines Lebens erbittet er Gottes Gnade „nach deiner großen Barmherzigkeit" (13, 22).

Es ist nicht von vornherein falsch, vor Gott seine guten Werke zu erwähnen. Man braucht nicht wie der Pharisäer im Tempel zu beten (Luk. 18, 10-14). Nehemia brauchte Bestätigung. Ist es falsch, wenn Kinder ihrem Vater zeigen wollen, was sie gemacht haben? Ist es falsch, wenn man Bestätigung nicht von Menschen, sondern von Gott haben möchte? Und wenn Nehemia möchte, daß an die bösen Taten der anderen gedacht wird (13, 29), sehen wir darin ein Beispiel, daß ein Gott, der gnädig ist, auch gerecht sein muß; sonst wäre Gnade nicht Gnade. Gnade, die auf Rechtlosigkeit basiert, ist nicht Gnade, sondern Kompromiß.

Was teilen Nehemias Gebete über den alternden Nehemia mit? Sie geben Einblick in das Herz eines Menschen, der ständig einen einsamen Kampf gegen das Böse führte. Er war ein Mann, der immer wieder auf Gott schaute, um seinen Willen zu erfahren. Er war ein Mann, für den die höchste Auszeichnung „Gottes zustimmendes Nicken" war. Diese Haltung bewahrt vor geistlichem Hochmut.

Nehemia war ganz Mensch. Wir brauchen nicht zu spekulieren, welche Schwächen er hatte, weil wir unsere eigenen haben. Wir sollten eher für das dankbar sein, was wir von ihm lernen konnten. Die Tatsache, daß ein ganz gewöhnlicher Mensch ein derart hervorragender Führer war, sollte uns ermutigen.

Er hat uns gezeigt, daß es lohnend ist, im Gebet auf Gottes Weisungen zu warten, und daß Planungen in seiner Gegenwart beginnen. Er hat uns gezeigt, daß Verantwortung tragen Dienst ist. Er war uns ein Beispiel eines Leiters, dessen Arbeit ausschließlich von den Maßstäben Gottes geprägt war. Er lehrte uns, oberste Ziele nie aus den Augen zu verlieren, und setzte uns Maßstäbe für den Umgang mit Geld. Wir haben ihn begleitet, wie er von Belastung zu Belastung und von Sieg zu Sieg ging.

Schließlich haben wir gesehen, daß er sich auch in der letzten Runde seines Laufs genauso hervorragend gehalten hat wie in der ersten. Das Vertrauen und den Gehorsam gegen Gott, den er vor König Artaxerxes bewies, hat er sein ganzes Leben hindurch beibehalten.

Wir müssen uns nun von ihm verabschieden. Wahrscheinlich spielen wir keine so wichtige Rolle in der Geschichte wie er. Wir können dennoch so gut laufen, wie er es tat. Es ist unbedingt notwendig, daß wir eines Tages sagen können, was Paulus in 2. Timotheus 4, 7 sagte: „Ich habe einen guten Kampf gekämpft, *ich habe den Lauf vollendet*."

Für einzelne oder Gruppen

1. *Was sind die größten Hindernisse für ein Leben als Christ im Alter?*
2. *Welche unangenehmen Maßnahmen, für die Ihnen der Mut fehlt, müssen Sie ergreifen? Wie können Sie den Mut dazu erhalten?*
3. *Wie können wir – wie Nehemia – Menschen zu einer biblischen Opferhaltung verhelfen?*
4. *Wie ist es dazu gekommen, daß der Feiertag (Sabbat) in unserer Gesellschaft, in der Kirche und in unserem Leben häufig mißachtet wird? Wie können wir unsere Mitmenschen auf diesen Mißstand hinweisen?*
5. *Warum ist es so schwierig, Menschen auf Gottes Willen, der in der Bibel mitgeteilt ist, hinzuweisen? Gab es auch in Ihrem Leben Zeiten, in denen Sie Gott ungehorsam waren? Wenn ja, begründen Sie, wie es dazu kommen konnte.*
6. *Was soll Gott aus Ihrem Leben nicht vergessen, wenn Sie alt sind? Warum?*